母のトリセツ

黒川伊保子
Ihoko Kurokawa

はじめに

父の愛は、さざ波のよう。優しく足に当たって、静かに去ってしまう。思い出の中で、しみじみと温かい。

母の愛は、津波のよう。圧倒的に与えているようで、結局は、子の気力や時間を奪っていく。ときには、子をばらばらにして。

基本、母は子を、服従させることで守ろうとしているのである。

――私の言う通りにしなさい、そうすれば間違いがない。

死ぬまで、そう信じている。自分と子どもが、別の脳を持ち、別の喜びを望み、別の人生を歩む存在だということを、死ぬまで、信じようとしない。

母親の要求は、最初は、些細《ささい》なことである。

歯を磨きなさい、残さず食べなさい、さっさとお風呂に入りなさい、宿題をしなさい、ご挨拶《あいさつ》をしなさい、靴を揃えなさい……聞いてやればいいので、子どもは聞いてやる。

しかし、母親と違う脳を持ち、母親とは違う身体をもって生まれてきた子どもが、そういつまでも母親の思い通りに生きていけるわけがない。脳が違えば、脳が心地よいと思う事象がまるで違うのだもの。

当然、人生のどこかで、母親のご機嫌取りをやめざるを得ないときがやってくる。

もちろん、それでいいのである。


母親に服従することはない。

母親が脳に描く「世間体《せけんてい》のいい息子（娘）」になる必要はない。

たいていは母親の希望どおりになんかなれやしないし、無理になったとしても、いい人生とは限らない。脳には、最初から「いのちの使命」が仕込まれている。その脳の生きたいように生きることが、人生の充足につながるように、脳は作られているのだから。

でもね、愛は返してやったらいい。

彼女が欲しいのは、結局のところ、愛なのだから。


我が家の息子は、ある日（小学校高学年だったか、中学生になってすぐのころだったと思う）、私にこう言った。「ハハ、おいらはこれから、母が言ったことが正しいかどうかを一回確認することにするね。ハハは、はっきり言って変わってる。世の中は、どうも、ハハの言った通りじゃないみたいなんだよ」

「え、どういうこと？」と言おうとした私の手を優しく握って、彼はこう続けた。「でもね、ハハ、よく聞いて、おいらがたとえ、ハハの言うことに従わなかったとしても、愛がなくなったわけじゃないから。愛してるのは変わらないから」

息子は、その一言で、その後の人生のすべてに対する免罪符を手に入れた。

3年前、息子は、極上の妻をめとった。

私が想像していた「理想の嫁」をはるかに超えてキュートで面白い、我が家のエースである。そのおよめちゃんを、めろめろに愛しているけど、私はちっとも寂しくない。私の手と耳には、あの日の彼の感触が残っているから。なにがあっても、愛していることは変わらない、と宣言してくれたあの日の。


このページを立ち読みしているあなた。

今夜、この宣言を母親にしてあげて、それですべてうまく行ったのなら、この本はもう買わなくていい。

息子がしてくれたこの宣言は、「母のトリセツ」の根幹であり、すべてである。実は、母のトリセツなんて、この一行で終わりである。

服従ではなく、愛そのものを返すこと。


とはいえ、現実には、そう簡単にはいかない。

愛は、日ごろ、小出しにして伝えないと、忘れてしまうものだからだ。

夕べ息子は、つわりのひどいおよめちゃんにレモンスカッシュを作ってあげた。何度も吐いて、涙目になったおよめちゃんの「レモンスカッシュ」の一言に、台所に駆け付けた私と息子。私がレモンを洗っている間に、息子がシロップと搾《しぼ》り器を出して、そのミッションは速やかに遂行《すいこう》された。

その後、私は風呂に入ったのだが、湯上りの私に、息子からレモンスカッシュが届けられた。私が、彼が作るレモンスカッシュが世界一好きなのを、彼は知っているから。

そう、息子は、20年前のあの「大宣言」のあとも、私が彼の愛を忘れないために、日々、こうして「小出しの愛」をくれているのである。

「大宣言」と「小出しの愛」。

我が家の息子は、生きる「母のトリセツ」だ（微笑）。

もちろん、そう育てたのは、私。

私も、大宣言と小出しの愛で、息子を育てた。

私の子育ての大宣言は、「母も惚れるいい男になって」。それだけ。

だから、叱ることがなかった。「それって、男としてカッコ悪い」と言えば、たいていのことをしてくれたから。

「友達におもちゃ貸せないなんてカッコ悪い」「魚がきれいに食べられないなんてカッコ悪い」

高校生になって、「試験の前の晩に、バイクに乗って海を見に行くのはカッコイイよ。けど、その試験でこの点数はカッコ悪すぎ」と言ったら、試験の前の晩くらいは、ちゃんと勉強してくれるようになったし。

「大宣言」と「小出しの愛」で育てておけば、子どもだって、そうしてくれる。

本当は、母のほうから始めてくれれば、子どもはうんと楽なのにね。

あなたの母親に、なんとか、『息子のトリセツ』（扶桑社）や『家族のトリセツ』（NHK出版）を読んでもらえないだろうか。ここには、繰り返し繰り返し、家族は甘やかすものと書いてる（『娘のトリセツ』（小学館）は、父親が娘を理解し、守り抜くための本なので、娘である人が母親に読んでもらうとしたら『家族のトリセツ』を）。

とはいえ、敵もさるもの、黒川伊保子の本くらいで、そう簡単に変わりはしない。

だったら、子どもの側から始めなきゃ。

この本は、そのための本である。

母のトリセツ——目次

第二章　母の愛は「毒」であると知る

第三章　母親に巻き込まれないためのノウハウ

第四章　母親をつき放しつつ喜ばす方法

第一章　母の機嫌にビビらない人生を手に入れる

まず最初に言っておきたいのは、「母の機嫌」にビビらなくていい、「母の思い」なんて気にしなくていいということを、あなた自身が、心底納得することである。

母親に巻き込まれない呪文

次の段落を声に出して読んでみよう。

——母親には、たしかに人生をもらった。感謝してもしきれないが、くれた以上、私の人生は私のものだ。いつまでも、「自分のもの」だと思われちゃ困る。それは、ケチというものだ。

母親が、あなたの人生に介入する発言をしたとき（「早く結婚しないと、子ども産めなくなるわよ」「新車買うって、どこにそんなお金があるの？」などなど）、まずは心の中で「ケチ！」と言ってみよう。「子どもにあげた人生を手放せないなんて、ケチでカッコ悪い」と。

母親を見下せば、母親の発言がやりすごせる。

母親が言ったことに一理あると思ってるから、あるいは、母親の希望をかなえてやりたいと思っているから、傷ついて、腹が立つのである。「そりゃ、母親の高い理想をはるかにクリアできるイケメンエリートに激しく愛され、私も惚れ込んで、何の問題もなく、盛大な結婚式をすれば、たしかに幸せだろうよ」と、どこかで思っているから、言われたことに腹が立つ。

母親を見下そう。

子どもにあげた人生を手放せない、ケチでカッコ悪い女だ、と。

見下したら、哀れになって、案外優しくできるかもしれない。

見下して、とことん嫌いになってしまったのなら、いったん離れてもいいと思う。子どもがちょっと背《そむ》いたくらいじゃ、母親はめげない。だから、安心して、距離を置いていい。

子を産んで母となり、しみじみ思うことがある。母の脳は、我が子を手にしたことだけで、もうかなり充足しているのである。おそらく、女の脳には、子どもを持ったことだけで満たされる部分があるのだろう。

それを与えただけで、母への恩返しはもうできている。人生の大先輩が、妊娠中の私に「子どもは3歳までに、親への恩返しを終える。どんなに苦労させられても、3歳までの可愛さで、親は一生分の満足感をもらっている」と言ってくれたことがある。私自身も、そのことを実感したし、多くの「子育ての終えた母」たちが、それに同意する。

その絶対的な充足感は、子どもが自分の思い通りにならなくたって消えやしない。考えてみれば、たとえ障害を持った子が生まれても、母たちは萎《な》えることがないのだもの。子どもは生まれてきただけで、母への義務は果たしている。

だから、母親から、自由になっていいのである。

母親の口数を減らす方法

とはいえ、もちろん、母親を真っ向から否定するのは得策じゃない。母親の言うことを否定でもしたら、とんでもない跳ねっ返しがくる。「私はそうは思わない」と言ったら、どこまでも反論してくるし、「うるさいなぁ」「母さんには関係ないでしょ」なんて言ったら逆上される。

というわけで、反論しないで、母親を交わす手をお教えしよう。気持ちだけ受け止めるのである。

「お母さんの言うとおりね。参考にするわ、ありがとう」

「母さんの言うとおりだね。参考にするよ、ありがとう」

これは、他人にも使える。

逆らえない上司や、年配の顧客に、「余計なお世話」なことを言われたとき、「参考になります（勉強になります）。ありがとうございます」と、爽《さわ》やかに受け止めてしまうのである。

「参考になった」「勉強になった」は、自分が間違っているとも言ってないし、相手の言ったとおりにするとも約束してもいない。そのアドバイスを採択するかどうかの権利は、こちらにあるのである。

「夏休みの宿題、早くやりなさいよ。後でたいへんな思いをするのは、あんたなんだから」と言われたら、「そうだね、母さんの言う通りだね。心配してくれて、ありがとう」

と言って、多少、宿題を気にするふりをすればいい。遊びに出かける寸前に言われたのなら、「帰ったら、数学のドリル4ページやることにしよう！」とかなんとか、前向きな独り言を言えばいい。

「早く結婚を」と言われたら、「ほんとねぇ。母さんのように幸せにならなきゃね」と柳のように受け流せばいい。

「うるさいなぁ」なんて言うから、母親の口数が増えるのである。要は、母親の口数を減らしたいんでしょう？　「うるさい」だの「関係ないだろう」「放っといてよ」で、黙る母親なんて、世界中に一人もいない。絶対に。

そうそう、姑のざらつく発言にも、これは使える。

上昇志向の強い姑に、「○○さんとこでは、塾に行かせてるって。うちはいいの？」なんて言われても、「あら、参考になります。検討してみますね」と言えばいい。この言い方なら、結果、塾に行かせなくても罪にならない。

逆に「もう英語塾？　日本語もまともにしゃべれないのに」と言われたときも、「たしかに。日本語も大切にします。勉強になるわ、お母さん」とにっこりすればいい。すかさず感謝してしまえば、決定権はこちらにある。

母親は、案外、結果にこだわらない

「母さんの言う通りだね。いつも気にしてくれてありがとう」と言いながら、言うことを聞かない子どもに、母親は、なすすべがない。からむチャンスがないものね。

それに、調子がいいなぁと思いながらも、母親は案外、見逃してくれる。母親という生き物は、「気持ち」さえ受け止めてもらえば、「事実」は案外、見逃してしまうのである。

実は、子育て中の女性の脳は、本能的にプロセス重視の神経回路を重点的に使っていて、結果重視の回路は二の次になっている。このため、思ったより結果にこだわらない脳なのだ。

ヒトの脳は、とっさに二手に分かれる。何かことが起こったとき、「ことのいきさつ（プロセス）」を反すうして、根本原因に触れようとする人と、「今できること」に集中して、結論を急ごうとする人に。誰でも、どちらの機能も使えるが、とっさのときに使う

「優先側」というのがある。子育て中の女性は、「ことのいきさつ」派が圧倒的に多い。

子育てなんか、一朝一夕で結果の出る営みじゃない。「結果を急ぐ」回路を使っていたら、毎日毎日おむつを替えて、夜泣きの子を抱いて当惑しながら、やっと立って歩くまでの一年をどうやって過ごしたらいいのだろう。それに、子どもの体調変化を見逃さないためには、「ことのいきさつ」を反すうする癖がないと難しい。「そういえば、今朝から、なんとなく……」という気づきが、子どもを守っているのである。

「ことのいきさつ」派は、結果ではなく、いきさつに意識が行く。なので、成果よりも、気持ちが大事なのである。気持ちがあれば、結果なんて案外許してくれる。

「ありがとう」と「ごめんなさい」のサンドイッチは無敵である

それでも「どうしてやらないの？」と問い詰められたときは、「心配かけてごめんね」と謝ればいい。

母親と真っ向から勝負して、言われたことに反論したり、やらない理由を論理的に述べたとしても、母親には勝てやしない。母親は、結果ではなく、心で会話をしてくるからだ。

心だけ受け止め（「母さんの言う通りだね、ありがとう」）、心にだけ謝る（「心配かけてごめんね」）。こっちの気持ちや事情はあえて言わない。勝てない相手をかわすには、これが一番いい。

実際、誰かを責めたとき、責められた相手に「ありがとう」と「ごめんね」でサンドイッチされてしまうと、責める側は手も足も出ない。

たとえば、部下に小言を言ったとき、「勉強になります。ありがとうございます」と返され、「どうせ、また繰り返すんだよね」と追随《ついずい》しても、「ほんっと、心配かけてすみません」と頭を下げられたら、それ以上、何が言えるだろうか。

ためしに、母親以外の人にも使ってみるといい。

「また、出しっぱなし！　あなたって、どうしてそうなの」と妻に責められたとき、「いつも、片づけてくれて、ありがとう。きみがいなかったら、どうしていいかわからないよ」と、感謝のことばで返す。「どうして、できないの」と重ねて責められたら、「嫌な思いをさせてごめんね」とうなだれる。

「仕方ないだろう。こっちは仕事で疲れてるんだよ」なんて言っちゃったときと、妻の態度は天国と地獄ほどにも違う。お試しあれ。

「心にだけ謝る」で世間も撃退できる

ちなみに、「心にだけ謝る」をマスターすると、人生はかなり楽になる。

理不尽な怒りをぶつけられたときも、「お気に障《さわ》りましたか？　すみません」と謝ってしまえばいい。

いつだったか、行列に並んでいて、「あなたが大きくて、前が見えないわ」と、ちっちゃなおばあちゃんにいちゃもんをつけられたときも、「お気に障りましたか？　すみません」と言ってあげた。私が165センチの身長に、8センチのヒールを履いているからと言って、責められる筋合いはない。私に罪があるとしたら、彼女が145センチなのも悪いのでは？

だから、単に「すみません（大きくて、すみません）」と謝る気はない。そんなふうに謝ったら、なんとなく、自分が図体のでかいみっともない女になったような気がして、モチベーションが下がる。心ない人のいちゃもん（本人にとっては無邪気《むじゃき》な発言だろうけど）に、すべてそんな謝り方をしていたら、自尊心が傷つけられて、人生が重たくなってしまうだろう。

そこで、事実には謝らず、心にだけ謝る「お気に障りましたか？　すみません」の登場である。

「気に障りましたか？　すみません」って笑顔で言っちゃうと、相手も、「あらやだわ。あなたが悪いわけじゃないけどさ」なんて、言ってくれたりして、雰囲気が和《なご》む。

幼い子どもが少し騒いだくらいで、目くじら立てる年配の人にも、「子どもがお気に障りましたか？　ごめんなさい」と声をかければいい。

「うるさくして、すみません」と謝ったら、子どもを叱らなくちゃならなくなる。いくら叱っても、いっこうに心に響かない子なら、世間体で叱るのもありだろうけど、普段おとなしい子が、嬉《うれ》しくて少しはしゃいだくらい、おおらかに見守ってあげたいときもあるでしょう。

私は、会うたびに「太った？」と聞いてくる親戚のおばさんにも、あるとき、「気に障ります？　ごめんなさいね」と謝ってあげた。「いえいえ、そんなつもりじゃないのよ」と、どぎまぎした彼女は、次からは言わなくなった。

子どもが一人しかいないので、一時期、「一人っ子にしちゃう気？　さっさと次をつくらないとたいへんよ」と言われ続けたこともあって、そのときも「ご心配かけて、すみません」とにっこりすれば、その話題は、そこで終わる。

相手の心にだけ謝る。

人生がめちゃ楽になる。覚えておいたほうがいい。

母と子の一体感は、細胞レベルのそれである

母と子は、違う存在である。

母の正解が、子の正解だとは限らない。

口を酸っぱくして言っても、母親である人たちは、なかなか納得してくれない。たしかに、人生のある時期までは、母親の直感が、子を守ってきたからだ。

息子が赤ちゃんだったとき。

彼の太ももを、蚊がさした。その赤くなった跡を見たとき、私は不思議な感覚に見舞われた。痒《かゆ》いのである。実際の皮膚感覚として、私の脳がリアルに痒がった。しかし、自分の身体のどこを掻《か》けばいいのか見当もつかない。困り果てた私は、試しに息子の太ももをそっと掻いてみた。そうしたら、不思議なことに、痒みが楽になったのである。

あんな経験、人生に一度だけだ。どんなに愛した男だって、彼の代わりに痒かったことなんて一度もない。

母と幼子の一体感は、科学さえも超えている。どこまでが自分で、どこからが子か、母の神経系が区別していない。

そんな一体感から始まった関係である。母親は、かなり客観的になれる人じゃないと、「子どもの人生は、子どものもの」とは思えないのではないだろうか。

母親を改心させることは、かなり困難である。

子どもは「母の気分」に引きずられる

ということは、子どもの側が、「母は母、自分は自分」をしっかりと思う必要があるのだが、これも案外難しい。

子どもは、ある時期まで、親の意識につながって、親の表情や所作を、鏡に映すように神経系に移しとりながら、成長してきたからだ。まさに全身全霊で、親のするとおりに笑い、歩き、しゃべり、道具を使って、「人間」になってきた。

母の機嫌がよければ、間違いない。母が不安な顔をすれば、危険だ。母が悲しむ事態は、絶対に避けたほうがいい。人生のはじめの一時期、たしかに、そうだったのである。

人生最初のその刷り込みは、本人が思っている以上に深い。大人になっても、母親の表情や所作に、かなり影響を受けている。

私は息子と社交ダンスやアルゼンチンタンゴを踊ることがあるのだが、不思議なことに、組んだ瞬間に、呼吸が揃っているのである。ペアダンスは、組んだ最初に、二人で呼吸を揃える。吸って吐くタイミングがずれると、相手の意図が伝わらず、動きがばらついてしまうから。他の人だと必要なそれが、息子には一切要らない。

そのことを、師匠の新垣アクセルに話したら、「僕も、母と踊るとき、それを感じます」と言った。組む前に、二人並んでフロアを歩いているうちに、鏡に映したように、呼吸と所作が揃ってしまう、と。

母と子は、大人になっても、そんなふうにつながっている。


だから、母親の不機嫌な顔で、脳が萎えてしまうのである。好奇心も集中力もやる気も想像力も、母の不機嫌顔は奪ってしまう。

母親である人は、学校から帰ってきた子を、不機嫌な顔で迎えてはいけない。たまに実家に帰ってきた子に、不機嫌な顔を垂れ流しにしてはいけない。たとえ、悩みや痛みを抱えているのだとしても。

それが自制できない母親を持ってるのだとしたら、子であるあなたが、「この人は、未熟な母親なんだなぁ」と思っていい。母親の不機嫌顔に、左右されないために。

未熟な母であっても、その母を選んだのは、あなたである。

この「通り道」しか、「この世」に出てくる道がなかったのでは？

命がけで産んでくれた（つまり、命がけで、この世への通り道になってくれた）母である。多少未熟であっても、許してあげたらいい。

要は、その不機嫌顔に左右されなければいいのである。

不機嫌顔を垂れ流す母親は、未熟だなぁと思って、彼女の上に立てばいい。「厄介《やっかい》な子」のように扱えばいい。

あなた自身が親であるなら、不機嫌な顔で自己主張する子どもを無視して、自分の思う通りにできるでしょう？　公園でもっと遊びたいとふくれっ面する娘に動揺することなく、「はいはい、また明日ね」と、冷静に連れて帰れるはず。

母親の不機嫌も、「もっと遊びたいと駄々をこねている子」と一緒だと思ってみよう。「はぁ？　何言ってんの」くらいの気持ちで、彼女の言ったことを受け流そう。「母さんの言う通りだね。今度そうするね」とさらりと。

子は母を選んで生まれてくる

先ほども、ちらりと言ったけど、あなたは、母を選んで生まれてきたのである。

この「通り道」を使って、「この世」に来ようと思ったのである。

私は、そう信じている。というのも、私の息子が、そう言ったからだ。胎内記憶を語る子どもたちの多くも、同じことを口にする。


息子が2歳のある日のこと。

私たちは、ちゃぶ台の前にいた。

息子は、私のTシャツの裾を広げて、頭から入り込み、おっぱいを触ってご満悦だった。帰宅後のわずかな休憩時間、彼は、勝手におっぱいを探し当てて飲む。いつものことである。私は、気にも留めず、新聞を広げていた。そうしたらふと、服の下の彼が、「ママ、ゆうちゃん、ここにいたんだよね」とつぶやいたのだ。

「そうよ」と生返事をしながら、私は気にも留めなかった。保育園には、下の子を妊娠中のママも迎えに来る。誰かが「お腹に、あかちゃんがいる」と教えてくれたのだろう。しかし、彼の次のことばが私の手を止めさせた。「ママは、あかちゃんがんばって、ってゆった」

あかちゃん、がんばって。

そのセリフを言った時期が、私には明確にわかっていた。臨月の、わずか3週間くらいの間のことだ、

私は、息子が生まれる20日前まで職場にいた。おかげさまで健康で、特段つらいことはなかったが、さすがに臨月に入ると、長時間の会議は身体にこたえて、お腹がはってくる。そんなとき、私はトイレや休憩室で、お腹をさすって、そのセリフを口にしたのだった。

「あかちゃん、がんばって」

生まれてきた彼を「あかちゃん」なんて呼んだことはない。——彼は、胎内記憶を語っている。私はそう確信して、少し緊張した。

胎児の脳にも、記憶保持能力はある。ただし、2歳過ぎから、ヒトの脳は、脳神経細胞ニューロンの劇的な減衰期《げんすいき》に入り（ニューロンは生まれたその瞬間が人生最多数と言われ、不要なそれを減らすことによって最適化される仕組み）、代わりにニューロンの連携が複雑になっていく。脳の再構築が行われるのだ。脳を「装置」として見立てれば、ここまで

の変容を見せる以上、記憶の文脈が途切れて断片的になったり、消失したり、他の記憶と入れ替わったりすることは想像に難くない。胎内記憶を、大人になるまで保持しておくことは難しい。

ただし、2歳くらいまでなら、胎内記憶は保持されており、したがって、発話の早い幼児の中には、胎内記憶を語る子がいても不思議ではない。そのことを知ってはいたのだが、我が子に、そんな瞬間が来るなんて思ってもいなかったので、不意を突かれたのだった。

彼は、胎内記憶を語っている。だとしたら、あのことを聞いてみよう。ずっと、知りたかった、あのこと。

その質問は、なぜか、一回しかできないと直感した。一度引き出すのに失敗したら、その記憶はばらばらになって、記憶の海の底に沈んでしまうに違いない。私は、慎重に彼と呼吸を合わせた。

「ゆうちゃんは、ママのおなかの中にいたんだよね」「うん」

「で？　その前、どこにいたの？」

ここまで慎重を期しながらも、私は、彼の答えを期待していなかった。しかし、彼は教えてくれたのだった。

「ママ、忘れちゃったの？」と、彼は、いぶかしげな顔でシャツの中から出てきた。「ゆうちゃん、木の上に咲いてたじゃない。で、ママと目があって〜、それでもって、ここにきたんだよ」と言いながら。

まるで一篇の詩のような、優雅なフレーズであった。

私は、彼が花だったと信じるわけじゃないが、それが、彼の記憶の最初のほうにある、脳の原初的なイメージなのだろうと理解した。彼の最初の記憶のひとしずく。それに触れることができた奇跡に胸がふるえた。

母であることの充足

幼児が語る胎内記憶には、共通の特徴があると言われている。高いところ（お空の上、屋根の上など）にいたということ。母親を見て、ここに来たいと思ったということ。息子の語った胎内記憶も、これに準じていた。

もちろん、これは、お腹に宿ったその瞬間の記憶ではない。さすがに受精卵には記憶を保持する場所がない。

卵子に幸運な精子がたどり着き、受精卵になる。受精卵が無事子宮壁に着床して、細胞分裂が進む。6週目には、後に脳と脊髄《せきずい》になる神経管のチューブが出来上がる。そんな生命の最初の歩みには、個人差はほとんどない。その歩みのどこかで、脳は最初の「意識」を生み出す。いずれにせよ、個人差のほとんどない領域で起こることだ。

その「意識」の初めに、母を選んだ確信がある。多くの胎内記憶を語る子に。ということは、おそらくすべてのあかちゃんに。

私は、そのことに感動して泣いた。

人類の脳の、その美しい真実。子は母を選んで生まれてくる。

文字どおり、人生のすべてをゆだねて、お腹に宿ったいのち。

これ以上に、存在を認めてくれる行為が、他にどこにあるだろう。ここにおいて、私がここにいる価値は永遠不滅になった。

母になる、というのは、そういうことだ。ゆるがぬ何かを手に入れる。

たとえ、息子が胎内記憶を語らなくても、私は、そのことを知っていたような気がする。

彼をお腹に宿して暮らした10か月と、初めてかいなに抱いたときの幸福感から。


あなたは、母親に、その充足をあげたのである。

だから、もう十分。彼女を選んで生まれただけで、彼女は満たされたのだ。

それ以降の彼女の要求（お行儀をよくして、いい成績を取って、エリートになって、いい結婚をしてなどなど）は、それに比べたらはるかに些細なことだ。

不機嫌な顔をして、いろいろ騒ぐけど、母親なんて結局子どもが幸せになってくれたら、それで「勝ったような気持ち」になる人たちだ。


まとめよう。小言を言う母親なんて、「子どもにあげた人生を手放せない、ケチでカッコ悪い女だ」と見下していい。不機嫌な顔をする母親なんて、「未熟な母親だな」と見下していい。「参考になるよ、ありがとう」と「心配かけてごめんね」で、するりと逃げていい。

いいの、いいの。あなたが幸せになればいい。母親にとって、ゴールはそこ。子どもが幸せになること、それがすべてなんだから。

そうでない母親がいたとしたら、本当に捨てていい。

第二章　母の愛は「毒」であると知る

人間には、「とっさに選ぶ」脳神経回路というのがある。

たとえば、左利きと右利き。

もしも、利き手がなかったら、「身体の真ん中」に飛んでくる石が避けられない。「どっちによけるべきか」という判断をしていては間に合わないからね。転ぶときも一緒だ。「どちらの手を出すべきか」なんて一瞬でも迷ったら、頭を打ってしまう。このため、脳は、とっさのときに、どちらの手を出すか、あらかじめ決めているのである。

同様にして、驚いたとき、上体がひょんと上がる人と、のけぞって退く人がいる。とっさに、遠くを見る人と、近くを見る人がいる。脳や身体が同時にはできないことに、脳は、とっさのときに優先する側を、あらかじめ決めている。

ことが起こったとき、脳が躊躇なく選ぶ脳神経回路。これが、その人のセンスや性格をある程度左右している。これらのタイプが違えば、世の中の見え方が違い、「正しいと思うこと」も大きく違ってくるのだ。

親子でこれが異なると、なかなか厄介なことになる。自分のタイプが違う母親が、思い込みが激しい人だと、確実に「毒」になる。

実は、遺伝子配合の妙で、「とっさの身体の動かし方」については、母と子で違っている確率は案外高い。

「ものの見方」や「しゃべり方」には性差があり、母と息子はたいてい異なっている。これらについては、人生経験によっても異なってくる場合もあるので、専業主婦の母親と、キャリアウーマンの娘の間でも断層がある。

母親と自分を「別物だ」と自覚しなければいけない理由を、科学的に知っておいてほしい。

ただ、母と娘が同じタイプというのも案外厄介で、ふたりの「ゆずれない」が同じなので、これがぶつかり合って増悪してしまうこともある。兄弟姉妹の中で、自分だけ母親につらく当たられるという人は、案外このケースも多い。

いずれにしろ、人間にはタイプというのがあって、それが親子関係に大きく関わっていることを知っておいて損はない。

親の言うことを鵜呑《うの》みにしなくていい理由

人間には、指先に力と意識が集中するタイプと、手のひらに力と意識が集中するタイプがいる。

驚いたとき、あなたは、上体を上げる（ひょんと跳び上がる、または、肩を上げてすくめる）のだろうか、上体を低くする（肩を低くして身構える、または、のけぞりながら後ずさる）のだろうか。

実は、前者が指先に力と意識が集中するタイプ、後者が手のひらに力と意識が集中するタイプなのである。

体幹と手足のコントロールは、小脳が担当している。その小脳のコントローラが都合4種類あるのだ。腕にも脚にも、人差し指につながる太い骨（橈骨《とうこつ》、脛骨《けいこつ》）、薬指につながる骨（尺骨《しゃっこつ》、腓骨《ひこつ》）がある。動作を開始するとき（手のひらや足裏の角度を変えるとき）、これらの骨を回旋《かいせん》させる必要があるのだが、二つの骨を同時に回旋させると、バランスが取れなくなるので、どちらかを優先して回旋させることになる。

このとき、人差し指側の骨の回旋で動作を始める人と、薬指の回旋で動作を始める人がいるのである。さらに、回旋の向きにも2種類ある。中指側に回旋するタイプと、親指または小指側に回旋させるタイプと。

人差し指を中指側に回旋させて動作する人は、驚いたとき、上体がひょんと上がる。うちのおよめちゃんはこのタイプで、この間、トイレの扉を開けて私が入っていることに驚いて、きれいにぴょんっと跳び上がった。人差し指を中指側に回旋させる人は、肩を上げて固まる。人差し指を親指側に回旋させる人は肩を下げて身構え、薬指を小指側に回旋させる人はのけぞる。

中指側に回旋させる2タイプは、指が中央にまとまり、指先に意識と力が集中する「指先」派。親指側・小指側に回旋させる2タイプは、指が広がるので、手のひらに意識と力が集中する「手のひら」派。このタイプは生まれつき決まっていて、一生変わらない。

親と子で、これが違うとけっこう厄介なのだ。しかも、親と子は、これが揃うとは限らない。

指先タイプは、ものを扱うとき、指先を使うので、自然に手首をよく回す。手の構造上、指先を全方位に動かすためには、手首を自在に動かす必要があるからだ。手首を自由にするために、ひじはあまり体側から離さない。

このため、扇子《せんす》で顔を仰ぐときは、ひじを体側につけて固定し、手首を使って、比較的高速でパタパタと仰ぐことになる。


手のひらタイプは、ものを扱うとき、手のひらを添えるので、ひじをよく動かす。手のひらをあらゆる方向に使うためには、ひじを自由に動かす必要があるからだ。

このため、扇子は、ひじを体側から離して、ひらひら仰ぐことになる。高速ではないが、強い風を起こせるので、涼しさに遜色《そんしょく》はない。

狭い場所では、手のひらタイプも手首高速パタパタをするので、扇子を自己判定に使うときは、ひじを遠慮なく浮かすことができるくらいの、広めの場所でお確かめください。


縄跳びの縄も、指先タイプは、ひじを体側につけて固定し、手首で回す。手首で反動をつけて、縄を跳ね上げるように回すのである。

手のひらタイプは、ひじを身体から離し、ひじの反動をつけて、縄を振り下ろすようにして回す。

このため、長縄跳びで、異なるタイプの二人が両端を持つと、縄がしなって、なかなか安定しない。学生時代、それを経験したことがあるのではないだろうか。

逆上がりも、やり方がまったく違う。

指先タイプは、みぞおちを鉄棒に近づけて、手首の反動で、くぃっと上がる。手のひらタイプは、身体を鉄棒から離し、ひじの遠心力で、ぶんっと回る。

子どもに縄跳びや逆上がりを教えるとき、違うタイプの指導者がやり方を細かく強要すると、その子はけっしてうまくできない。運動音痴と言うレッテルを貼られてしまう。

さて、ここまで言えば、タイプの違う親に、「何かのやり方」を強要されるのは、かなりのストレスだし、危険でさえあることが、想像できると思う。

実は、運動だけじゃない。後で述べるが、ものの片づけ方、ことの進め方、勉強や趣味の好みに至るまで、脳には「確固たる癖」があり、親と子でそれが一致することが少ないのである。

親は誰でも、「自分の正解」が「世界の正解」だと信じて、良かれと思って、それを強要してくる。

ことばの発音をする、便座に座る、二足歩行する、など、赤ちゃんのときに獲得する生活習慣にはあまりバリエーションがないので、当然鵜呑みにしていいのだが、本当は、箸の持ち方くらいから、「親の正しさ」も怪しくなってくる。縄跳びや逆上がりに至っては、本当は、親の言うことが自分に合っているのかどうか、吟味したほうがいいのである。小学生ともなれば、子どもは、親の〝弊害〟をブロックしなければならない。

ましてや大人になってから、親や先生や上司の言うことを鵜呑みにして、できない自分を責める必要なんて、まるでない。「指導者の言うとおりに、どうしてもできなかったら（たとえできたとしても不快だったり、精度が悪かったりしたら）」、それは、自分に合っていないのである。別のやり方を見つけよう。

親が原因の障害

あるとき、友人が、8歳の息子さんの吃音障害《きつおんしょうがい》に悩んでいた。

どんな感じなの？　と尋ねたら「アアアとか、オオオとか言います」と言う。私は「あれ？」と思って、「イイイやエエエは？」と尋ねたら、「それは聞いたことがない」と。

私は、吃音障害について知識があるわけじゃないが、なんだか不思議な気がした。アとオだけ？　舌を緊張させるイは発音しにくく、吃音障害のない人でも、緊張すれば「いい、いいえ、いいえ」のように、つい重ねてしまうものなのに。それが、まったく出ないなんて、そんなことあるの？

アとオだけだとするのなら、その子の吃音障害は、口腔《こうくう》を縦に開けようとしたときにだけ生じていることになる。もしかすると、上体を上に持ち上げること自体が、不得意なのでは？　と心配になった私は、「息子さん、縄跳びが飛べないのでは？」と尋ねてみた。

友人は、椅子の上で、跳び上がるほどびっくりして（本当に跳び上がった）、「そうなんです。それも悩みなんです。なぜ、わかりました？」と声を上げた。

「だとしたら、体幹コントロールのほうに問題があるかも。言語療法の前に、身体の動かし方のトニーニングに行きましょう」と、原宿の廣戸《ひろと》道場という整体院に誘った。

廣戸道場主宰の廣戸聡一先生は、人間の身体の動かし方に4種類あることを発見し、それぞれに適した動かし方を理論的に体系化した研究者であり、その理論（4スタンス理論）のもとに、身体を整えてくれる整体師でもある。新体操などのナショナルチームや、野球などのプロスポーツチームの顧問トレーナーも務めている。

廣戸道場の山本裕司先生に、友人の息子さんを預けたら、一瞬でその原因を見抜いてくれた。やはり、息子さんは、本人の身体と違うタイプの動かし方をしていて、上体が素直に上にあげられないのだった。


彼は、手のひらタイプ。手のひらに力が集中するタイプである。ひじを動かさないと、縄跳びが飛べない。

ところが、親のほうは、指先タイプだった。ひじを体側につけて、手首を使って、くぃっと縄を上げるタイプで、それを息子さんに強要していたのである。「ひじをふらふらさせない！　身体につけて！」という指導は、日常、本当によくしていたという。走る時も、縄跳びをするときも、おそらく、本を読むときも、ものを書くときも、箸を使うときだって繰り返されたに違いない。

そうするうちに、息子さんは、自分のバランサーであるひじを使えずに、体幹を緊張させて、なんでもやってきたことになる。吃音は、親が作ってしまった障害だったのだ。友人の子煩悩《ぼんのう》さ、圧倒的な愛が、ここでは仇《あだ》になってしまったのである。

ひじを自由に使っていいと諭され、解放されて、彼は15分ほどで縄跳びが飛べるようになった。と同時に、二度とどもらなくなった。

それから2か月ほどして、くだんの友人が「運動会に行ったら、息子がかけっこの先頭集団にいたんです！　今まで、後ろのほうにいたのに」と満面の笑みで報告してくれた。「ひじをふらふらさせてるのが、どうにも気になるんですけどね」……いやいや、それでいいのである（苦笑）。

あなたとあなたの母の間にも、そんな弊害があるかもしれない。縄跳びや吃音は、わかりやすいけど、もっとわかりにくいことで。

問題は、親は、自分の正解が、世界の正解だと思い込んでいることである。子どものほうも、素直にそう信じていることが多い。

子であるあなたが、親の正解が、世界の正解とは限らない、と、ちゃんと自覚することである。

親が強要してくることで、どうしてもつらいこと、できないことがあるだろうか。だとしたら、もう従わなくていい。親が「そんなことじゃダメ」と言ったって、まったく気にすることはない。

「お姫様抱っこ」と介護に効くワンポイントアドバイス

先ほど、指先タイプは、ひじを固定して手首を使い、手のひらタイプは、手首を固定してひじを使う、と述べた。

人には、動かしやすい関節と、動かしにくい関節がある。身体のすべての関節が同時に動いてしまうと、手足がばらけて体幹がゆらぎ、うまくコントロールできないからだ。何かをするときには、身体を支える関節と、動きを作り出す関節の両方が要《い》る。その関節の組合せがまた、指先タイプと、手のひらタイプで異なるのである。

指先タイプは、手首のほかに、肩と腰が動かしやすく、みぞおちと膝が動かしにくい。つまり、背中が固く、後ろにそるのが苦手で、代わりに腰が柔らかい。

このタイプを、お姫様抱っこしたり、寝返りを打たせるときは、みぞおちの裏側（ブラジャーラインの少し下）と膝裏を持てばいい。まるで、板切れのように、すっと持ち上げることができる。

一方、手のひらタイプは、みぞおちと膝が柔らかく動き、肩と腰は動かしにくい。このため、手のひらタイプの母親をひっくり返そうとして、みぞおち裏と膝裏に手を当てたら、ぐにゃりとして、いつまでもひっくり返せない。「母さん、重いね」って、それはぬれぎぬ（苦笑）。母親本人も、関節が深く動くので、どこかに痛みがあるときは耐えられない。

手のひらタイプの母親をひっくり返すときは、肩（ブラジャーのラインの少し上）と腰（お尻の付け根あたり）に手を当てて、くるっとすればいい。あらあら不思議、「母さん、こんなに軽かったの？」と驚くことになる。

母親がどちらかわからないって？

なら一度、お元気なうちにお姫様抱っこをしてみれば？

「みぞおち裏・膝裏」を支える抱っこで軽々上がれば指先タイプ。「肩裏・お尻の付け根」を支える抱っこで軽々上がれば手のひらタイプだ。

え、どっちも、軽々上がらない？　う～ん、だとしたら、実際に介護のときに、試行錯誤して、見つけてください。


これから結婚する方へ。結婚式の前撮り写真で、お姫様抱っこを薦《すす》められることがある。そのときも、思い出してほしい。花嫁さんのタイプと逆の持ち方をすると、上げる新郎のほうもたいへんだけど、花嫁さんも5kgくらい太って見える。二の腕が身体に押し付けられて太く見え、首がすくむので、顔の輪郭《りんかく》が膨れて不細工に写ってしまうからだ。

彼女のタイプがわからなかったら、2種類の抱っこをしてみればいい。男性が楽だと感じたほうが、彼女が美しく見えるやり方である。

斜め派、まっすぐ派

さて、指先タイプにも、手のひらタイプにも、「まっすぐ派」と「斜め派」が存在する。

つまり、対象に対して、身体をまっすぐにしたほうが力が出せる人と、斜めにしたほうが力が出せる人。

　壁を全身で押してみてほしい。壁に対して、肩がまっすぐ（平行）な人はまっすぐ派、肩を斜《はす》に構えて押す人は斜め派である。

　実は、人差し指を親指側に回旋する人（身構える人）と、薬指を中指側に回旋する人（肩をすくめる人）は「まっすぐ派」。残りの2種類が、「斜め派」になる。


　まっすぐ派は、机にまっすぐ座り、ノートもまっすぐにして、まっすぐ書く。当たり前のように感じるかもしれないが、斜め派は、ノートを斜めにするか、自分が斜めに座らないと、まっすぐ書けない。お習字のときに、無理やりまっすぐ座らされて、字も、字の並びも、なんだか斜めになってしまうのは、斜め派の子どもたちである。私は、大きく斜めに構える子どもで、ノートなんてほぼ真横。まっすぐ派の先生によく叱られた。

　まっすぐ派は、机の上の道具を、まっすぐに揃えたがるが、斜め派は、扇状に配置したほうが使いやすい。まっすぐ派からすると、斜め派の机は、散らかっているように見えるらしい。

今でも、私の斜め癖は、夫婦の間のミゾになっている。斜め派の私の、大きく扇状に広げた書類は、まっすぐ派の夫からすると「だらしない」のだそうだ。

逆に、なんでもまっすぐに、迷いなくしゃっしゃと置いていく夫の所作は、私には、ものをぞんざいに扱っているように見えてしまう。私からのプレゼントをそんなふうに扱われるととても悲しい。

ところが夫は、大切なものを斜めの方向に置かれるのが、かちんと来るのだそうだ。「追いやられた」ようで。互いに、自分がけっして置かない場所なので、そう感じるのだろう。

かくも、「自分と違う所作の相手」に、人はイラつくものなのである。

斜め派の私は、武道をやりたいと思ったときも、まっすぐ構えていきなり踏み込む剣道は、どうにも動ける気がしなくて、薙刀《なぎなた》を選んだ。大きく後ろから回して斜めに切り込む薙刀は、私の身体にぴったりだった。今でも、薙刀の型を思い出すと、あらゆる関節が無理なく動く感じが蘇り、脳が気持ちよがる。

逆に、自分の身長よりはるかに長いものを振り回すなんて、効率悪すぎない？　と感じる人もいるだろう。息子は、まっすぐ派で、高校時代は剣道部に所属していた。最小限の腕の動きで、すばやく相手の懐に入るのが得意で、体重もあったので、相手が吹っ飛ぶのである。「これって、剣道ではなく、もはや相撲では？」という感じだった。

そうそう、逆上がりでは、まっすぐ派は逆手（鉄棒を下から持つ）、斜め派は順手（鉄棒を上から持つ）を使う。逆手か順手か。これさえも、他者に強要するのは危ないのだ。

人類の4種類

ここまでに、人類の身体の動かし方は、指先タイプと手のひらタイプがいて、さらに、それぞれに斜め派とまっすぐ派がいると説明した。

そして、我が家には、人類の全4種類が揃っている。

私は斜め派＋手のひらタイプで、息子はまっすぐ派＋手のひらタイプ。

およめちゃんは斜め派＋指先タイプで、夫はまっすぐ派＋指先タイプ。


私は斜め派、息子はまっすぐ派。

夫は指先タイプ、息子は手のひらタイプ。

我が家は、父と母で一勝一敗である。

息子が赤ちゃんのとき、斜め派の私の、斜めに柔らかく抱きしめる感じが、まっすぐ派の彼には苦手だったらしい。私が抱くとぐずるのに、まっすぐ派の夫や、実家の父（息子の祖父）が縦抱きにすると、瞬時に落ち着くのである。あまりに差があったので、私も、縦抱きにするしかなかった。

縄跳びや自転車を教えるときは、私と同じ手のひらタイプだったので、「パパの見本はよくわからない」と言って、私の真似をして育った。


ボディコントロールのタイプが違えば、得手不得手が違う。

親が自分の得手を、自信満々で、それが不得手の子に押し付けたら、それがどれだけストレスか、想像しただけで胸が苦しくなる。

人には、違うタイプに惹《ひ》かれる癖があって、夫婦はたいてい異なるタイプだ。自分にできないことが軽やかにできるし、とっさの言動が予想と違うのでドキドキしちゃうからなのだろう。それがやがて、「この人、どうしてこうなのかしら。信じられない」という怒りに変わったりするのに、皆、懲《こ》りずに「違うタイプ」に惚れていく。

とはいえ、それは、子育てには◎。どちらかが子どものタイプと一致するので、「夫婦で子育てをする」のは、やっぱりお勧めだ。祖父母も一緒に子育てをすれば、必ずや、その子の味方が現れる。我が家は、4種類の大人が、新しいいのちを待っている。さぁ、「誰の弟子」が生まれてくるのでしょうね（微笑）。

正解が違えば、正義も違う

我が家は、私たち夫婦と息子夫婦との同居生活で、比較的、仲良く暮らしているほうだと思うが、過去に1回だけ、嫁姑問題が勃発《ぼっぱつ》しかけた。原因はトイレブラシである。

ある日、およめちゃんが、「我が家のトイレブラシは使いにくいから、新しいの買ってきたよ〜」と、私の愛用のブラシを捨ててしまった。

これが、我慢できないほど使いにくかったのである。ふちの汚れがうまく取れない上に、顔にしぶきがかかる（！）。私は、しかたなく、自分の好みのタイプのブラシを買いなおしてきた。

それに、息子が腹を立てたのだ。「せっかく使いやすいのを買ってきたのに、こんなダメブラシを買ってきて。彼女、悲しんでるよ」と。私が「ダメブラシってどういうこと？　私がメインでトイレ掃除をしてるのに、なぜ、私が、水が飛び散るブラシで我慢しなければならないわけ？」と返したら、「こんな使いやすいブラシで、飛び散るほうがおかしい」と言い返された。

28年続いた私と息子の愛もおしまいだな、と思った瞬間、私は気づいたのだ。そうだ、身体のタイプの違い！

およめちゃんは指先タイプ、しかも人差し指に力をこめる癖がある。このため、トイレブラシの柄に人差し指を当てて、前にきゅっきゅっと押して使う。トイレのふちに、ブラシのエッジが当たるので、平たいへら型ブラシがぴったりなのである。まっすぐ派の息子は、ブラシの先端をトイレのふちに突っ込むので、こちらもへら型イチオシ。

私は、手のひら派、しかも薬指に力をこめる癖がある。このため、ブラシを握りこんで、外に向けて回しながらふちに当てる。ブラシの腹がふちに当たるので、厚みのある、棒状のブラシがありがたいのだ。私がへら型ブラシを使うと、へらがよじれて、ふちに当たって跳ね返る。ぴしゃっと汚水が跳ね上がるわけ。

なるほどね、と、お互いに納得し合って、事なきを得た。

息子は最初、「世にも使いにくいブラシに固執して、嫁の親切を受け入れない偏屈な母。しかも不器用」という烙印《らくいん》を押したし、私はひどく傷ついた。

もしも、「身体の動きの種類」を知らなかったら、私たちの誤解は解けず、互いの心に深い傷を残したに違いない。きっと今ごろ、別々の家に暮らしていたと思う。

同じような誤解が、きっとどの家でもあると思う。

調味料の置き場所、鍋のしまい方、冷蔵庫の整理の仕方、皿の洗い方、云云《うんぬん》かんぬん。

嫁姑の仲じゃなくても、実の母と娘でも、母と息子でも。

その際に、「この世に絶対の正解がある」と信じていると、互いに絶望してしまう。「この子は、わかろうとしない」「お母さんは、わかってくれない」という心の問題になってしまうからだ。

それぞれに正解が違うと思えば、ぜんぜん問題にならない。しかも、千差万別じゃないしね。たかだか4種類なんだもの、「あ〜、母さんは、あのタイプだからね」「あなたは、あのタイプだしね」で話が済んでしまうのである。

なにがあっても妻の味方をすると覚悟を決める

ちなみに、このとき、息子の取った行動（妻の肩を持って、母親を非難した）は、正しい行動である。たとえ、そのことで、家を出ることになったとしても、この行動だけは正しい。

夫は、なにがあっても妻の味方をしなければいけない。その安心感があって、はじめて、嫁は姑を大事にできる。

トイレブラシに限らず、あらゆる道具や、小物の配置や、ものごとの手順の違う家に、新参者としてやってきた「ひとりぼっち」なのだもの。そのやり方にどっぷり浸かって育った夫が公平な口を利《き》くのは、不公平なのである。

たとえば、妻が、母親に言われた一言に傷ついて、「お義母さんに、こんなこと言われて」と訴えてきたら、「母さんには悪気はないんだよ。気にするなよ」なんて言ってはいけない。「ほんっと無神経なんだよな！」と妻以上に憤慨してほしい。そうしたら、妻のほうが「まぁ、お義母さんにも悪気がないのはわかってるの」と言い出すことになる。

私は、結婚するとき、息子は母に宣言すべきだと思う。
「母さん、これから僕は、彼女の肩を持つことになる。もしも、お母さんと彼女がもめたら、それが公序良俗に反しない限り、必ず彼女の味方になる。それが夫婦だと思ってるから。でも、お母さんへの愛は変わらないよ。心の中では、母さんに手を合わせているから。そこんとこ、どうか、よろしくお願いします」と。

母親もまた、嫁であり妻である人だ。「夫婦になった以上、なにがあっても互いの味方」という美しい宣言に、何を言えることがあろう。多くの母親が、そんな息子を誇らしく思うに違いない。

こう言われて、母親がさぞ寂しいだろうって？

いや、そうでもないのである。なんとなく、息子と「共犯」になったような気がして、けっこう嬉しい。不倫カップルが、心では通じ合っているのに、外では知らんぷりする感じ？　母の愛は、想像以上にしぶといのである（微笑）。

息子が、200％およめちゃん優先なので、およめちゃんは、「勝者の余裕」で、とても私に優しくしてくれる。

あるとき、私の友人に起こった不幸で、私が泣いているところに、息子夫婦が帰ってきた。走り寄って事情を話したら、息子が私を抱きしめてくれた。……のはよかったのだが、片手で私の背中をさすりながら、もう一方の手で、靴下を脱いだのである。

私は我に返って、「はぁ？　集中力が足りなくない？」と言ったら、息子が「いや、暑くて、一刻も早く靴下が脱ぎたくて」と言い訳。私が、「いや、あいちゃん（およめちゃんの呼び名）だったら、もっと集中して、両手で抱きしめて、靴下なんて思いもよらなかったはず」と指摘したら、当のおよめちゃんが「そうよね。私だったら、きっと、両手で抱きしめて離さなかったはず。ゆうさん（息子の呼び名）、もっと、お母さんに集中して」と叱ってくれた。「ほぉら」と私。

で、私が調子に乗って、「男の子なんて育てても、結局、こんなもの。およめちゃんばっか」とおよめちゃんに愚痴ったら、およめちゃんが「でもね、お母さん、男が女を一人守り抜けたら、それでよしとしない？」。

ひゃ～、カッコイイ。惚れ惚れした。

我が家は息子も上手に育ったが、およめちゃんも超逸材なのである。およめちゃん名言集で、日めくりカレンダー作りたいくらい。

その後、友人の不幸を思い出して、再び、息子に抱きしめてもらって泣いたのだが、息子夫婦の温かさが身に染みた一夕だった。

男女間では「あれ」が通じない

ヒトの身体の動きには、都合４種類あると言ったけど、「とっさの言動」にも種類がある。

急に不安を感じたとき、比較的広い範囲を眺めて、動くもの・危険なものに瞬時に照準を合わせる人と、近くを綿密に見て、針の先ほどの変化も見逃さない人がいる。「遠く」と「近く」は、同時には見られないので、とっさには、どちらかを選ぶしかない。

ヒトは、シチュエーションによって使い分けるが、優先順位もある。男性は「遠く」、女性は「近く」を優先する人が圧倒的に多い。狩り仕様の男性の脳と、子育て仕様の女性の脳ということなのだろう。

このため、夫婦、母と息子の間で、「あれ」が通じないことがある。「あれ」と指したときの男女の視点がズレるからだ。車の助手席に乗っていて、夫に「あの青い看板のところで止めて」と言ったら、「青い看板？　そんなものないぞ。おまえの説明はわかりにくい」なんて言われて腹立たしい、なんてこと、世界中の〝夫婦あるある〟である。もちろん、〝母息子あるある〟でもある。どっちも悪くない。ただ、とっさの視点がズレるだけのことだ。

男性は、母親が言った「あれ」「あそこ」に目当てのものがなかったら、少し手前を見てあげたらいいかもしれない。あなたが見た場所より、向こうにあるってことはまずない。

ムカつく会話の真相

何か問題が起こったときの、思考スタイルにも2種類ある。

「ことのいきさつ」を反すうして、根本原因に触れようとする人と、「今できること」に集中して、問題解決を急ごうとする人がいる。

これも、ヒトはシチュエーションによって使い分けるが、とっさには、どちらかを選ぶことになる。この選択にも性差があって、女性は「ことのいきさつ」派、男性は「今できること」派が圧倒的に多い。

実は、この2派、対話の相性が最悪なのである。

「ことのいきさつ」派は、「そういえば、あのとき、私がこう言ったら、あの人がこう言って……」と、ことのいきさつを語りだすので、結論を急ぎたい「今できること」派はイラついて、「何の話？」「結論から言えないの？」「きみも、こうするべきだった」などと言い出す。「ことのいきさつ」派は、思考を中断されて、尋常じゃないストレスを感じることになる。

「この人、ひどすぎる」「こいつは、頭が悪い」と、互いに誤解し合う関係になりがちなのだ。

「ことのいきさつ」派の話は、「そうか」「そうなんだ」「わかるよ」「たいへんだったね」

と共感で聞いてやるのが鉄則。そうすれば、本人の脳の中で気づきが起こって、一気に問題解決となる。「記憶」の中から、答えを見つけるのが、脳のミッションだからだ。

というわけで、母の話は、基本、共感で聞くこと。それは、この本でも、これから何度も言うことになる。

正義は一つじゃない

とっさに見るもの、とっさに考えること、とっさの身体の動かし方、それらの種類が違えば、「気持ちいいこと」も「正解」「正義」も違うということ——この世のすべての母と子が、それを知っているべきである。

さっきも言ったけど、たいていの夫婦が違うタイプなので、さまざまな子どもが生まれてくる。母と子が一致しないケースなんて、ごまんとある。

母が、子を決めつけないで育てること。本当は、それが先である。

しかし、この世の母親のほとんどが、この事実を知らない。この世の母のすべてが、人工知能の感性の研究者ではないわけだし。あなたの母を許してあげてほしい。

だから、このページを読んだ、あなたから始めてほしい。母と子で、正義が食い違ったとき、「この世に正義は一つじゃないしね」という余裕を、まずはあなたの心に。

母親からは自立しなければならない

本当の自立は、親の思い込みから自由になることである。

経済的に依存していても、「親の機嫌に左右されない」「親の言うことを鵜呑みにしない」ようになれた段階で、あなたはもう自立している。

逆に、経済的に自立して、立派にやっているキャリアウーマンでも、母親の「まだ結婚しないの？」「子ども持たないで将来どうするの？」に傷ついたり、気持ちが落ち込んだりするのなら、いまだ自立できていない。「そうよね、母さん。心配してくれてありがとうね」と爽やかに言えるようになって（「そんな心配してくれる人がいるのはあったかいなぁ。お母さん、いつまでも元気でいてね」と心から思えるようになって）、初めて自立できたことになる。

母親からは、自立しなければならない。

そうしないと、本当の自分を生きられないからだ。

しょせん、違うタイプの身体、違う神経構造の脳をもって生まれてきた人なのである。

彼女の歓心を、この世の理想にしてしまうと、「あの人の人生」を生きることになってしまう。母親だって、娘や息子に同じ人生を歩んでほしいとは思っていないはず。なのに、「もっといい人生を」と思うのでつい、自分のセンスの檻《おり》に閉じ込めてしまうのである。

「毒母」と呼んでも解放されない

昨今、母親を「毒母」と呼んで蔑《さげす》んだり、恨んだりする風潮もあるけれど、それは得策じゃない。

軽蔑するのも恨むのもまた、母親に固執している証拠。母親の支配下にある証拠だからだ。

脳にとって、「好き」の反対は「嫌い」じゃない。

「好き」も「嫌い」も、脳の中では「認知対象に過剰に反応する」という状態で、その方向性が違うだけだ。実は、「好き」と「嫌い」は、基本的によく似た信号モデルなのである。

脳にとって、「好き」の反対は、無関心である。「認知対象に脳が反応しない」もしくは「認知さえしない」と言う状態だ。

いつだったか、歌手のマドンナが何かでバッシングされたとき、「どんなに叩かれても気にしない。無関心よりマシ」と発言したことがあって、なんともカッコよかったが、脳科学的にも大正解。私も、批判されると、「お〜、この方の脳が刺激を受けて、反応してくれた」と嬉しくなる。表現した以上、心に届かなかったらおしまいである。届いたあげく、気に入るか気に入らないかは、その人の自由だもの。

母親を疎ましがったり、蔑んだり、嫌ったり、恨んだりしているうちは、母親の支配下から出られない。

まず、一度、無関心になってみる。彼女のしかめっ面や小言に、心を動かされないと決める。何度も言うが、そこから始めるしかない。

嫌っても嫌っても、脳は、けっして彼女から解放されない。

敵は「世間」を持ち出してくる

さて、そうはいっても、敵もさるもの、母親は、「自分」じゃなくて「世間」ということばを使って、呪縛《じゅばく》の魔法をかけてくる。

つまり、私の言っていることとは「世間の理想」「この世の幸せ」というわけだ。その罠《わな》にはまると、なかなか、母の思い込みから離れられない。


私の大学時代の友人が、母親の理想どおりに生きた。

美しく優しいお母さんで、けっして叱ったり強要したりしない。ただ、希望を述べるだけなのである。

友人は、母親の望みどおり、地域で一番の高校を好成績で卒業して、国立大学に現役で合格した。母親の望む服を着て、お茶も習い、英会話も勉強する、本当に「よくできた理想の娘」になってあげた。

結婚は、母親の望み（医者か歯医者）どおりに、素敵な歯科医師と見合い結婚をした。彼は、彼女と同郷で地方出身なのに、都内に開業にふさわしい家土地を持っていた。健康な彼女は、すんなり妊娠。母親の「男の子は二人いる。長男が跡を継がないと言い出したらいけないから。女の子も一人ほしいわね」ということばどおりに、二男一女をもうけた。その子たちも、全員立派に、医者と歯医者になった。――なんて素敵な人生だろう。

私は、18歳のときから彼女を見ているけど、彼女は「母親の理想」を「自分の理想」だと心底思い込んでいた。それは「世間もうらやむ、この世の理想」だったから。母親の理想どおりに生きられる人もいるのである。

母親の理想どおりに生きた弊害

なのに、彼女は、一度、闇に落ちてしまったのだ。母親に、「あなたは私の望みをみんな叶えてくれた。もうこれ以上の望みはないわ」と言われたとき。

彼女は、自分が、空っぽになってしまった感じがしたという。これ以降、何を目標にして生きて行けばいいか、まったくわからなくなって。

当時、私が「自分がしたいことをすればいいのよ」と言ったら、自分の「したい」がまったくない、と、彼女は頭を抱えた。かなり長い期間、彼女は無気力で、他人の言いなりになって、結果ストレスやトラブルを抱えてしまう人生を余儀なくされた。

脳の選択満足度が低いということは、結局、結果満足度も低い。たくさんの成果があっても、幸福度が高いとは限らない。それが脳の複雑なところだ。「自分の思いどおりに生きて、失敗した」人のほうが、「世間の理想を一生懸命生きた人」よりも、人生に充足していたりする所以《ゆえん》である。

60過ぎた今では、繁盛している夫のクリニックと孫の世話で忙しく、彼女は楽しそうだ。人のために生きることが、結局、彼女に合っているのかもしれない。ホスピタリティと賢さにあふれた素敵な人だから。

「彼女が母親の理想どおりに生きなかった人生」がこの世に存在しないので、どちらがよかったかは私にはわからない。ただ、彼女が闇の中にいた期間は、私は「なんて育て方をしてくれちゃったのだろう」と、彼女の母親に少々腹を立てていた。

人はどう生きるべきか

人生とは何か。どう生きるのが正解なのか。

母親や子育てというテーマを与えられるたびに、私は、その「人類の大テーマ」にぶち当たる。

息子を授かったとき、私自身は、彼自身が生きたいように生きることを望んだ。だから、「好奇心」を最大限まで伸ばし、「なにがあっても母親はあなたの味方、という絶対の信頼」をあげようと努力した。

好奇心を削《そ》ぐことは、いっさい強要しない。習い事も、塾もなし。もちろん、彼自身の素直な好奇心で、習い事や塾を望んだら行かせたと思うけど、彼が望んだのは「膨大な自由時間」だったので。

宿題だって、とことんつまらないのならやらなくていい。私がやってあげる、って感じだった。

母親の私が、あんまり、「したいようにすればいい」派だったので、息子がかえって慎重派になり、幼いころから、「規則には従おうね、ハハ」「世間は、違うんだよ」「こういうところでは静かにしてね」と諭してくれていたっけ。

今思えば、母親の「自由に生きて」という、世間とは逆の呪縛に、息子も苦しんだのかもしれない。


大人になった息子は、私によく、「こうしようと思うんだけど、どう思う？」と聞いてくれる。私の答が、彼のしたいことを実現に導く、戦略的な回答になると知っているからだ。しかし、一方で彼は、「母の意見は、世間とはズレているから、世間に照らさないと、危なくてしょうがない」と思っている。実際に、そう口に出すこともあるし。

私たちは、小さな会社の社長と専務という関係でもある。

息子の視野は広く、思考展開力は私をはるかに超えており、戦略に落とすときのクールさも、私をはるかに凌駕《りょうが》している。

私は、無邪気な発想力には自信があるが、戦略はピーキーで（資源を一か所に集中してしまう癖がある）、能天気なところがある。彼は、私のアイデアを鵜呑みにはせず、「斬新なアイデアの一つ」として、うまく活かしているのだ。

彼は、私の思いどおりに育ったわけじゃない。「思いどおり」をはるかに超えている。

息子が、自分とは違う才覚の持ち主であることを、私は心から感謝する。いつも、驚きをくれるもの。息子が楽しくてしょうがない。

しかしながら、こうなるまでには、彼にも数々の葛藤《かっとう》があったのだと思う。思い込みの激しい母親を乗り越え、母親をツールに使えるようになるには。

ここ数年を思うだけでも、心当たりが山ほどある。会社の会議室で、一歩も退《ひ》かない私と、一歩も退かない息子のディベートが、果てしなく重ねられてきた。今でも、おそらく息子にとって、私は一筋縄ではいかない相手なのだろう。私に反対意見を言うときは、いくつもの理由を用意してくるもの。私にとって、息子も一筋縄ではいかない。でも、だからこそ、互いにビジネスパートナーとしての価値がある。

結局のところ、母親なんて、どう転んでも、子どもを悩ませる。母親が与えるものが、子どもに重くのしかかる。与えるものがあれば、奪うものがあるしね。習い事や塾に行かされれば、自由時間が奪われる。自由時間を与えられたら、「もっと上に行く」チャンスが奪われる。

母親は、与え続けるし、同時に、奪い続ける。そこに、母親の理想がある限り。つまり、子への愛がある限り。

結局のところ、理想の母親って、どんな母親なんだろう?

身体の癖は、性格をも作り出す

脳の癖について、もう少し話をしよう。

身体の癖は、意識の癖にも反映する。


指先に意識が集中する指先タイプは、「先へ先へと意識が行くタイプ」でもある。

思いついたら、やらずにはいられない。段取り上手で、スピーディだ。夏休みの宿題も早め早めに着手する。旅の段取りも、細かく決めないと落ち着かない。

一方で不測の事態に弱く、思いどおりにならない事態に、そう長くは耐えられない。後先考えずに、投げ出してしまうこともある。


手のひら全体を意識する手のひらタイプは、「ふんわり意識が広がるタイプ」である。

行動を起こす前に、おっとり妄想している。段取りなしで、ぎりぎりに開始する。しかし、事前に妄想してた分、想像力と展開力がある。このため、不測の事態にも強く（そもそも、日々の暮らしが「不測の事態」の積み重ねだしね）、一度決めたことは、ちょっとやそっとのことでは投げ出さない。

夏休みの宿題も、旅の段取りも、どこ吹く風、である。しかし、「行き当たりばったりの旅」を最高に面白くできる才能がある。

指先タイプの母親にしてみたら、手のひらタイプの子どもは、「どうして、さっさとやらないの！　先にやってしまえば楽なのに」の連続だろう。「早くしなさい」「これくらい、自分でやりなさい」「あなたって、どうしてそうなの」が口癖になってしまうに違いない。とはいえ、母親の小言に、いちいち腹を立てず、手出しされても嫌がらないので、結局はカワイイと感じる子どもでもある。

手のひらタイプの母親にしてみたら、指先タイプの子は、あまり心配が要らない。自分のことは自分でさっさとやっていくから。それに、「嫌となったら、即投げ出す」傾向もあり、母親が口を出しにくいのも事実。そうして、手がかからない分、母親との関係が希薄になる可能性がある。特に、手のひらタイプの兄弟がいると、母親はそちらに手をかけてしまうことになるので、指先タイプの子どもは、母親の愛情が、別の子に注がれたと感じてしまうことも。

兄弟の中で、自分ばっかり叱られた、自分ばっかり放っておかれた、割を食った。そんなふうに感じているとしたら、母親との相性もあるのかもしれない。

斜め派と、まっすぐ派にも、性格の傾向がある。

まっすぐ派は、真正面からことに取り組むので、正義感が強く、ときに融通《ゆうずう》が利かない。人間関係も、真正面からぶつかり、解決すれば後腐れがない。

斜め派は、対象に対して斜めに立つので、ものごとの側面が見えやすい。幼いうちから、「そうはいっても」という大人の事情を理解している子が多い。人間関係では、あまり正面衝突はしないが、相手の「裏の心」を読むので、こじれるときは、うんとこじれる。

斜め派と、まっすぐ派に関して言えば、違う二人のほうが相性がいい。斜め派は、まっすぐ派の一途さを、まっすぐ派は、斜め派のしなやかさを好ましく思い合うからだ。

まっすぐ派同士は、いいときはツーカーの仲だが、利害が反すると真正面からぶつかり合って収拾がつかなくなるし、斜め派同士は、いいときはしみじみと仲がいいが、こじれて「うんざりの海」に沈むことがある。

「やれば、できる」は嘘《うそ》である

母親というのは欲張りで、子どもに、全方位を期待してしまう生き物である。スピーディでスマートで決断力があるのに、優しくておっとりしていて忍耐力があり、勉強もスポーツも音楽も、すべて得意な我が子。

脳科学的に、そんな子いるわけがない。そもそも「スピーディでスマートで決断力がある」と「優しくておっとりしていて忍耐力がある」は、脳の中で共存できない。

脳は、全方位には使えない。指先と手のひらに同時には力が込められないのと同じように。「どこかが突出していて、どこかが欠けている」のが、脳の正体なのである。

なのに、全方位を期待するから、母親にとって子どもは常に「欠けているところ」がクローズアップされることになる。子どもにとってみたら、常に「欠点を指摘してくる」「弱点を突いてくる」のが母親ということに。

母親が子どもを愛すれば愛するほど、母親の期待値が高ければ高いほど、煙たい母親の出来上がり、ってわけだ。

子どもを信じている（信じたい）母親は、「あなたは、やればできる子」なんて言ってきたりする。

やればできる？

美しいことばだが、脳の機能上、危険なことばである。私は、子どもにも自分自身にも、そのことばをけっして使わない。

「やればできる」なんて、嘘だもの。たしかに、やれば、できないことはないが、自分に合わないそれは、精度が低い。ときには危険で、身体を壊したりもする。「自分に合わないやり方」で生きれば、借り物の二流以下の人生になってしまう。

自分の「できること」と「できないこと」を見極めて、できることを活かし、できないことは別の誰かにやってもらえばいいと腹を括《くく》る。それこそが人生達人のコツである。

それを、本来なら、母親がすべきだと私は思う。

それこそが、理想の母親ではないだろうか。

母親が期待しなかったら、子どもなんて育たない。けれど、その期待は、「得意なこと」に向けられるべきで、得意なことを伸ばすためには、不得意なことには目をつぶらなきゃ。なんなら、社会からかばってあげなきゃ。

全方位に期待してくる母親、不得意なところばかりに光を当てる母親は、人生の害である。前者は優等生として生きてきた人に、後者はビビりの人に多い。どちらも、優越感と劣等感のせめぎ合う日常、窮屈な人生を生きている母親なんだろう。私は、その母たちにも同情を禁じ得ない。

苦手なことを押し付けてくる母親にイラついてしょうがなかったら、あるいは、そのことで劣等感を抱きそうになったら、「それは私の個性じゃない」「得意なことが違うだけ」と、呪文のように言ってみよう。

世間体を気にする母親に育てられた人に

聞き分けがよく、お行儀がよく、いい学校を出て、安定した就職をし、ほどよきところでいい配偶者を得て、家を建て、子どもにも恵まれる。

母親が目指す子育てなんて、おおむねそんなものだ。誰にも後ろ指を指されない子育て。よしんば、周囲に羨《うらや》ましがられる子育て。

けど、そんな人生の何が楽しいのだろう。


およめちゃんは、今妊娠中で、8月31日の今日、夏休みの宿題が話題になった。

我が家の息子は、夏休みの宿題が大の苦手で、なぜか、8月25日あたりから、続々と「これもあった、あれもあった」と宿題が増えるので、8月末は毎年大騒ぎ。私は、31日は必ず年次休暇を取って（夫も休ませ）、家族総出で宿題を片づけた。

……という話をおよめちゃんにしたら、「生まれてくる子は、そういう子がいいな。私、夏休みの宿題、大好きだったけん。私は作文書くね〜っ。すごく得意で、賞をたくさんもらったんだよ！　でも自由研究は苦手だから、誰かやって」

それを受けて息子が、「夏休みの自由研究は任せて。舟を作るよ。それで、隅田川を下る」とめちゃ嬉しそう。「いやいや、隅田川は危ないから、足尾《あしお》の湖にしておきなさい」と私。息子は3年前に日光足尾に森を買ったのだが、その動機のひとつが「森の木を切り出して、自分で舟を作って乗ってみたいから」だったので、たぶん100%本気なのである。

その証拠に、「1年生と2年生の自由研究は、模型を作るところまでだな。現物に着手するのは3年生になってからかなぁ」とか、妄想にふけっている。

私も、久しぶりに絵日記書こうかなぁ、とつい口にして、「いやいや、宿題は、本人がやるものだから」と我に返る。

ほんっと、世間の「正しい子育て」とは程遠い我が家である。

けど、うんと楽しい。これでよくない？

子どもは、ちゃんと食べさせて、ちゃんと眠らせてあげて、読書の習慣さえあげれば、そこそこに育つ。あとは、自分の力量に合わせて、世間のお役に立てばいい。

以前、私の子育て本を読んだ方から、「こんなに偉そうに子育て本を書くんだから、子どもはさぞかし優秀に違いない。最低でも東大合格なんでしょうね」というメールが届いた。私はありのままに、「息子はまだ高校生ですが、東大には興味がないようです」と返事を書いたが、そのメールの意図がわからなかった。

しばらくしてから、「子どもがエリートでもないのに、偉そうに子育て本を書くな」という皮肉なんだと気づいて、「あー、これなんだな」としみじみしてしまった。世の母親たちは、子どもが「お行儀がよくエリート」じゃないと、発言権もないのだ。

たしかに、小学校のPTAでも、一流校お受験組のお母様たちは颯爽《さっそう》と発言し、塾にもやらない野放図な私は、いつも傍流だった気がする。まぁ、これは、私自身が、不器用で要領が悪く、いつだってPTAのお荷物だったせいかもしれないけど。

こういう圧力があるから、母親たちは、社会の一員として認められるために、真面目に、良い子を育てようとするのだろう。子どもをパスポート替わりにして、世間を渡るために。

そうして、その子たちは、自分がうまく育てば、自分の子にも同じことをし、うまく育たなければ、母原病（母が原因の心の病）に苦しむ。

子育てって、こんなに悲しい営みだったのかしら。

悲しい人だなぁ。

母親にイラついて仕方がないとき、そう思ってもいいかもしれない。世間に翻弄《ほんろう》される、オリジナリティのない母親を悲しんでやるのである。

これに、この章の冒頭で書いた「ケチだなぁ」を加えてもいい。ひどいセリフのようだけど、これくらいじゃなくちゃ、世間を振りかざす母親から自立することは難しい。それに、これしきのことで、母親との縁が切れたりなんかしない。遠慮なく、どうぞ。

第三章　母親に巻き込まれないためのノウハウ

前章までは、あなた自身の心から、母親を締め出すすべについて述べた。

母親が正しいと思うことが、必ずしも、自分の正解じゃない。母親が不機嫌な顔をしたからといって、気にしなくていい。母親の機嫌にビビらず、ときには「ケチ」「悲しい女だな」と突き放せ、と。

とはいえ、事実上、母親を突き放すわけにはいかない。一章には、「余計なお世話」は、「ありがとう」と「ごめんね」で受け流せ、と書いたが、ここでは、そんなノウハウをもっとご紹介しようと思う。

母親の長い話を止める方法

私の母は、基本、自由な人で、私に「勉強しろ」だの「お行儀よくして」だのと言ったことがなかった。二十歳の誕生日のとき、母は私に「これからは親友になろうね」と言ってくれて、本当に仲よしの女友達になった。

とはいえ、厄介でなかったわけじゃない。私の男友達には、まるで自分の恋人選びみたいに厳しかった。この世代（昭和ひとけた生まれ）の母親の常で、「医者か、それをはるかに凌駕するエリートと結婚してほしい」と強く望んでおり、医学生の男友達にだけ、めちゃくちゃ依怙贔屓《えこひいき》してたっけ。あとは大学の偏差値順に愛想がいい（苦笑）。

現在の夫が、両親に初めて会ったとき、母は冷ややかに、「なぜ、東大に行かなかったの？」と質問した。彼は、柔和な表情のまま、行儀よく、「東大には興味がなかったので」と答え、父がその答えをとても気に入ってくれた。「こりゃ、案外大物だな」と。

あとからわかったけど、夫は本当に、「東大と、それが象徴するエリート人生」にまったく興味がなかったのだ。まぁ、東京のど真ん中に家土地を持ち、蓄えもある両親のひとりっこ長男だし、若いときはけっこうハンサムだったし。寝る間を惜しんで受験勉強をしてまで、手に入れないとならないものが、彼にはなかったのである。

夫と結婚した後は、母は「一日も早く孫を」と望み、毎日のように電話をかけてきて、「できた？」と聞く。こうなるともう吹き出すしかなかった。

そう、母の望みは、あまりにも率直で、子どもが駄々をこねるようで、厄介というより面白かった。

本当に厄介なのは、電話の長さである。

母の話は、「今日、病院の待合室で、野村さんの奥さんに会ったのよ。野村さん、覚えてるでしょ？　ほらあの」のように始まって、今日の出来事を綿密に報告してくれるのである。これに、「やんなっちゃったこと」や「多少の人生訓」がくっついて、長い長いショーが終わる。

実家を出てからは、理系（実験系）の学生で、バブル期のエンジニアで、やがて働くお母さんになった私。どこにも時間の余裕のない人生だったので、母の電話の「長さ」は、いつも悩みの種だった。母と話すこと自体は好きだったけど、なにせ長すぎる。

今は、LINEなどで、ショートコミュニケーションを重ねるスタイルが多いので、母親の話が長いことに辟易《へきえき》する娘は少ないのだろうか。いや、それでも、母親の「目的の分からない長い話」を、機嫌を損ねずに短く終了したい子どもたちは、ゼロではないと思う。

というわけで、母親の長い話を止める方法。

電話は「案じること」から始める

まずは、母親から電話があったとき、「うん、おれ」とか「ああ、私」とか、気の抜けた返事をしている場合じゃない。即座に「あ、お母さん。どうしたの？」「何かあった？」と聞いてあげるのである。「いつもいつも母親を案じていて、電話があったから、どきっとして心配になった」というふうに。こうすれば、娘や息子を安心させるために、母たちは、早めに用件を切り出してくれる。

母は、一度だけ「何かなきゃ、電話しちゃダメなの？」とからんできた。私が「なに言ってるの。私は、24時間365日ずっと母さんのこと思ってるから、電話があれば、まず、そのことばが浮かぶだけ。何もなければ、幸いよ」と返したら、以降、用件がないときは、「ううん、ただ、あなたの声が聞きたくて」「どうしてるかと思って」と言うようになった。

そんなときは、たわいもない話を聞かせてあげる。専業主婦一筋の母は、働く娘の日常を、まるでドラマを楽しむように楽しんでくれるから。こちらの話を聞かせる分には、こちらのペースで一段落つけられる。「明日もまたがんばるわ。じゃ、お風呂に入るね」という感じに。

自分の話を織り込む

先に述べたが、「ことのいきさつ」派は、「心に浮かんだことをしゃべって」気づきを得ようとする脳神経回路を多用するので、「特に何があるわけでもなく、ただ話がしたい」モードに入ってしまいがち。子育ての際の、子どもへの気づきに有効なので、女性、特に子育てをした女性は、このモードに頻繁に入ってしまうのである。さらに子どもが近くにいると、その確率は跳ね上がる。

というわけで、母と子の会話が、このモードに入ってしまうのは、ある意味必至。一方的に聞き役になると、話はあらぬ方向に逸れて、延々《えんえん》と長くなる。対話の目的が「伝えたいこと」や「質問」ではなく、「話したい」なのだもの。

恋人同士なら、お互い「声を聞いていたい、些細な日常も知りたい」関係なので、それでいいのだろうが、生まれたときから聞いている母親の声で、代わり映えのしない日常を延々と語られてもねぇ。向こうだって、自分の話にそのうち飽きてくる。

というわけで、話を適度にスリム化して、相手の対話満足度まで上げるのが、「こちらの話を聞かせてやる」なのである。

私は、こちらに持ちネタがあるときは、母の話が始まる前に、「母の電話が待ちきれなかった」かのように、それをしてあげた。「今日ね、銀座のお寿司屋さんで、お寿司食べたのよ。あの有名な○○」のように。母自身の話題は、母の脳からも吹っ飛び、私のペースで会話を終えられる。こちらが〝演者〟なら、「いつか、一緒に行こうね。じゃ、夕飯の支度《したく》するから、またね」みたいに、幕を下ろせるからね。

愛を伝える「オチのない話」

実は、これ、妻や話の長い女友達との日常会話にも応用できる。

残業して家に帰って、ほっとしようと思いきや、妻の「今日の出来事（愚痴つき）」を延々と聞かされて、さらにくたくたになっちゃうようなとき。

妻の話を短くするコツは二つ、積極的に共感することと、自分の話を突っ込むこと。

できれば、会話の口火を切るのは、こちらが望ましい。「今日、川土手の菜の花が咲いてたよ。きみも見た？」とか「昼さぁ、麻婆豆腐食べようと思ったら、売り切れててさぁ」みたいな、なんでもないことがいい。男性脳には果てしなく苦手な、何の目的もない、唐突なショートショートストーリィ。

実はこれ、女性脳にとっては、最高のプレゼントなのである。「何の目的もない話」「オチのない話」をするのは、「(用事もないのに) きみと話がしたい」の意思表示だからだ。母親や長年連れ添った妻にとっては、愛の告白にも値《あたい》する。本当です。

女同士は、これを自然にやっている。

会議が始まる前に、女性たちが「こないだ、○○のケーキを食べた」「マンホールのふたで滑って転びそうになった」「髪切った?」みたいな世間話を交わしているのを知っているでしょう? ときには、世間話が沸騰したまま、怒涛《どとう》のように会議が始まることも。

男性から見ると、ひとりの話が完結していないのに、もうひとりが別の話題をぶちこむので、「女は人の話を聞いていない」「女は自分がしゃべりたいばっかり」と感じるようだが、ぶぶぶーっ、それは不正解、大きな誤解です。

あれは、「あなたたちと話したい」の意思表明をしあっているのであって、会議の準備体操なのである。

姑にも「オチのない話」をしてあげよう

「オチのない話」ができる男性はモテる。「オチのない話」をしてくれる子はかわいい。

母親の電話は用件だけで切るっていう男子、たまには、「今日、コロッケを食べたんだ。近くに揚げ物売ってる肉屋があって」くらい言ってみて。「あなた、好きだったものね」とか「肉屋のコロッケ、美味しいものね」なんて、返ってくるはず。

要件だけで済んだ会話は、対話とは言わない。こういうなんでもない、生産性のない会話があってこそ、母親は息子と対話したと感じるのである。

娘はたいていてい自然にそれをしている。ただ、嫁は、姑にそれをする回数が少ないのでは？

うちのおよめちゃんも、最初のうちは言葉少なで、「オチのない話」なんてしてくれなかった。最初にそれをしてくれたときの嬉しさが忘れられない。「帰りに、かき氷食べたんだ」とか、そんなたわいのない話だったけど、「ひゃ〜、うちにも娘ができたんだ！」と実感して。我が家の息子も、けっこう自分の話をしてくれるが、かき氷くらいじゃ口にしてくれない。娘（うちの場合はおよめちゃん）、可愛《かわい》すぎる。

ネガティブ・マザーの終わらない話

とはいえ、ネガティブな母親を持つ娘も、自分の話をしたがらない。

理由は明白で、娘が言うこと（したこと）にネガティブな反応をするからだ。楽しかった話をしても、「そんな贅沢《ぜいたく》してて大丈夫なの？」とかね。

私の母は、これをしないから助かった。基本「贅沢は素敵だ」の人で、私の人生の楽しいワンシーンを、私以上に喜んでくれる人なので、話す甲斐《かい》もあった。失敗は、説教なんか一ミリもせず、一緒に悲しんだり、笑い飛ばしてくれるし。


強いネガティブ・オーラの母親を持つ娘は、本当にかわいそうだと思う。

ネガティブ・マザーは、寂しいから電話をかけてくる。その娘は、何を言っても、ネガティブ返しをされるから、ただただ話を聞く。気のない感じが伝わって、ネガティブ・マザーはさらに寂しくなり、話は延々と終わらない。

この恐ろしい輪廻《りんね》を断ち切るのは、娘のポジティブ・オーラしかない。

自分の話を突っ込むのである。ネガティブ返しされても、気にせず、反応もしないのがコツ。

娘「今日ね、会社で重要なプレゼンを任されたの」
母「大丈夫なの？　そんなことしてると結婚できなくなるわよ」
娘「これが認められたら、次のプロジェクトは私に任される」
母「○○さんとこのお嬢さんなんて……」
娘「これから、調べものするわね。娘の活躍を祈っててね」
母「まだ話が……」
娘「お母さんは、私の代わりにぐっすり寝てね。おやすみ」

娘「今日、切り干し大根、作ってみたの」
母「あんたにそんなことできるの？」
娘「お母さんの切り干し、美味しかったよね」
母「あんた、好きだったよね」
娘「あ、タカシさんが帰ってきたみたい。またね」

こうして例にしてみると、自分の話を突っ込めば、話を終えるきっかけが自然に作れるのがおわかりになると思う。積極的に自分の話をしてくれる、ポジティブな娘に、ネガティブ・マザーは、なかなかからめない。

ネガティブ・オーラは、こちらがドン引きすると、どこまでも迫ってくるものなのである。母親に限らず、ネガティブ・オーラを出してくる同僚やママ友も、唯一退散できるのは積極的なポジティブ・オーラだけだ。

ネガティブ・オーラ退散のコツ

母親の気が滅入《めい》る長話に巻き込まれる。

同僚の愚痴話に付き合わされる。

人生の貴重な時間を、他人の「出口のない話」に付き合わされていないだろうか。

他人の愚痴話を聞かされがちな人は、自分の話題を持たない人が多い。自分の話題を突っ込めないから、話を終えられないのだ。

趣味や習い事を始めるといい。同僚に「ちょっと話を聞いてくれない？」と言われても、「ごめん、夕方、ジョギングしてるから」「英会話を始めて、毎日Ｚｏｏｍレッスンをするから忙しくて」「資格試験の勉強があるから、またね」のように、爽やかに断れる。母親の電話も、趣味や習い事の進行状況を楽しく聞かせて、「じゃあね」で終われる。

別に高尚な趣味じゃなくてもいいのである。ゲームや韓流ドラマ、小説に夢中、というのでもかまわない。「続きがしたくて（読みたくて）（観たくて）我慢できないの。ごめん！」と走り去れる（電話を切れる）から。

自分の話ができる人は、暗黙の裡《うち》に、「私は、だらだら話を聴いていられる人間じゃない」ことを知らせることができる。

自分を守るために、自分の話ができる人になろう。

たとえ愚痴話が始まってしまっても、ほどよきところで自分の話を突っ込めば、出口が作れる。

愚痴を聞かされて、ひとしきり「たいへんね」とうなずいた後、「そうそう、こないだ、英会話の先生がね」「こないだ観た韓流ドラマだけどさ、ぜひ観てほしいの。っていうのもね」などと自分の「ポジティブな話」を突っ込むのである。

愚痴話には、出口がない。解決法を提案しても、必ず、それがうまく行かない話を見つけてくるのだから。愚痴話の出口は「解決」ではなく、別の話題へのジャンプだけ。こちらの話に誘導して、「じゃあね！」と終わりにしてしまえば、一丁上がり。

それじゃぁ、「彼女は、話を聞いてくれない」と言われるって？　それでいいでしょ。大丈夫、ほどなく、他の「気持ちよく愚痴を聞いてくれる人」に寄生していく。ネガティブな人は、ポジティブな人と一緒にいられないので、向こうから疎遠になってくれるのである。

ネガティブ・マザーも、その場では寂しがるし、かわいそうな気がするかもしれないけど、けっこう大丈夫。

それに、母親の場合、娘の「前向きの人生」に触発されて、自分も前を向こう、と思ってくれる可能性もある。もしも、娘の人生だけが充実していることに嫉妬する母親だったら、本気で捨てたらいい。たとえ、彼女を傷つけても。

前向きで、好奇心にあふれた日々を過ごすこと。対母親に限らず、ネガティブ・オーラにからめとられない、唯一にして最大の手段である。覚えておいてほしい。

「気にかかること」を思い出させない

というわけで、まとめよう。かかってきた電話には、「うん、私（おれ）」なんて漠然と対応しないで、「どうした？」「なにかあった？」と優しく尋ねること。自分の話を突っ込むこと。これが、時間短縮&対話満足度向上のコツである。

では、電話をかけるときは、どうしたらいいか。それも基本は一緒。こちらから、安否確認の電話をするときも、「どうしてる？」「元気？」なんて、漠然とした質問をしてはいけない。「ごはん食べた？」「何かいいことがあった？」などと、愚痴話に行かない導入をすべき。「どうしてる？」「元気？」のような漠《ばく》とした質問は、愚痴や余計な心配を連れてくるからだ。

一日の出来事なんて、ほんの少しのいいことと、いくばくかの気にかかることと、なんでもないことでできている。「どうしてる？」「元気？」と漠然と聞いたら、母親なんて、「気にかかること」を思い出して、それにまつわる「ことのいきさつ」を一部始終話そうとしてしまうに決まってる。

母親は、子どもを産んだその日から、「気にかかること」をクローズアップして、それが悪い方向に転んだケースを想像し、子どもに危険が及ぶ前に先手を打って、子どもを守って生きてきたのである。記憶の中から、気にかかることを一番先に思い出して、それを綿密にかつネガティブにクローズアップする癖が抜けないのだ。

母親と話をすると気が滅入る？

悪いけど、ふざけるな、である。その脳の癖のおかげで、あなたは守られてきたのだから。とはいえ、気が滅入る話を黙って聞けとは言わない。「気にかかること」を思い出させなければいいのだ。

「どうしてる？」の代わりに、「何か、美味《お》しいもの食べた？」「何か、いいことあった？」「こないだ送ったポインセチア、きれいでしょう？」と、ポジティブなほうに話をふる。愚痴よりも、ポジティブな話のほうがうんと短く終わるし、電話を切った後、互いに幸せな気分になれるから。

「母親を幸せにする」導入を心がけて

できれば、電話の最初に、母親をいい気持ちにさせてあげるといい。その後の展開がいい方向に向かいやすい。

私は、電話の最初に、「母さんの声が聴きたかったの」と言う。母は、「私もよ」と答えてくれる。「あなたの声が聴きたかった」と。

母が90になった今、このやりとりのたびに、私は涙が出そうになる。このやりとりが永遠であってほしいのに、きっともう残り少ないのがわかっているから。

「久しぶりに糠漬《ぬかづ》けを食べたら、母さんを思い出した」「今、出張で熊本に来てる。辛子レンコン、送るね」などと続けることもある。

そして、「なにか美味しいもの食べた？」「庭のボタンが、そろそろ咲いたでしょ？」などと、相手の「ほんの少しのいいこと」を引き出すのである。

母親だって本当は、娘や息子と、「しみじみとした優しい対話」がしたいのである。なのに、なぜか、話が愚痴や指図になって、子どもがドン引きして終わることになっちゃう。

子どもが漠とした応答をするので、「脳の中の気がかりなこと」が触発されてしまうから。

母と子の対話の本当のゴールは、優しい気持ちで終えること。

そのためには、戦略なしで、電話をかけてはいけない。最初の「優しい一声」をどうするか、「母親の今日のいいこと」をどうやって尋ねるか、それくらい考えてから、コールしよう。

それでもネガティブ・トークになってしまったら

もちろん、そこまでしても、「気にかかること」や「愚痴」や「心配」に話が行ってしまう日もあるに違いない。私の母も、ポジティブモードに入れてあげようとしたのに、「ちょっと聞いてほしい」と言って、ネガティブモードに入ることがある。

安否確認の電話で入ってしまったネガティブモードなら、聞いてあげてもいいのでは？

それこそ、「どうしたの？　なにがあったの？」と優しく。

老いた母の話は、時に対処が必要なこともあって、ぜんぶ聞き流せはしない。まぁ、ほどよく愚痴も混じるけど、それを聞いてあげるのもコミュニケーションだし。

テッパンの抜け方を決めておこう

私と母の場合、人間関係の愚痴は、たいていユーモラスな展開を見せる。

母「〇〇さんったら、いきなり呼びつけて、こんなこと言ってきて、ほんと頭に来ちゃう」

私「〇〇さんのおばちゃん、昔からそうだよね。私があそこのわんちゃんのことを〝犬〟って言ったら、大騒ぎだったっけ」

母「あ〜、あれね、いほこちゃんは、うちの〇〇ちゃんを犬扱いした！　って」

母&私「犬だよね〜」（爆笑）

母「お父さんは、私のこと、怒鳴るのよ。私はなんにもしていないのに」

私「そりゃ、ひどいよね。でも、母さんが、邪険にするからじゃない？」

母「邪険になんてしてないわよ」

私「二人の結婚は、お父さんのひとめぼれで始まって、今だって、お父さんの圧倒的な片思いだからね」

母「たしかにね、私の言うこと、なんでも聞いてくれる。なんでも買ってくれるし」
私「ほら、ちょろい男じゃない。少し優しくしてあげれば、それで済むのに」
母「あ〜、それがめんどくさいのよ」
私「もてる女の余裕ね」
母「なに、バカなこと言ってるの」（苦笑）

母がイラつく相手は、実はそうバリエーションがないので、上記二つはテッパンの持ちネタなのである。落語の落ちみたいに何度も使うけど、母は何度も笑ってくれる。


弟に対する愚痴も、いつもおんなじ展開で終わる。

母「研吾（彼女の息子、私の弟）が、怒るのよ。私は何も悪いことしてないのに」

私「何度も同じこと言ったりしたんじゃない？」

母「そうかなぁ、覚えてない」（母がこういうときはたいてい心当たりがある）

私「そういえば、けんちゃん、さっき、母さんの好きな天丼のタレ、どうやって作るの？　って聞いてきたわよ。美容院に連れて行こうと思うけど、短く切ったほうがいいかな？　って相談もされた。いっつも、お母さんのこと、うんと考えてるよ」
母「なんだ、あんたたち二人で、私のこと話してるの？」
私「いっつもよ」
母「あの子も、優しいところはあるのよね」

夏掛けふとんを洗ってあげたいけどどうしたらいいのか、最近、水分が取れてない気がするけど何を飲ませよう、などなど、弟は、母のことを本当によく案じているので、このネタにはまったく困らない。

ネガティブ・トークには、定番のテッパンの抜け方を決めておけばいい。

母親だって、今となっては「あれ」が言ってほしくて、かけてくるのだと思う。知人の御無体《ごむたい》を笑い飛ばし、父の愛を思い出し、弟の優しさを思い出すために。

最高レベルの共感をあげると愚痴は一気に終わる

テッパンの抜け方がないときは、私は、徹底的に母の味方になる。世界中が母をそしっても、私は、母の肩を持つだろう。なぜなら、最高レベルの共感をあげると、それだけで、母はけっこう満足してくれるから。

そして、母が攻撃する相手（父にせよ、弟にせよ）に私が激しく憤慨すると、母は、私をなだめるほうに回る。「お父さんにも、それほど悪気があるわけじゃないのよ」「あの子だって、あの子なりによくやってくれてる」なんてね。

私が先に、「父さんにも、それほど悪気はないんじゃない？　昔のことまで蒸し返して気の毒よ」なんて言ったら、一生反省なんかしないのに。

長く生きてきた女は、案外、中庸の落としどころを知っている。娘が、「そんな父さんとは口を聞かなくていい。ひどすぎる。最終の特急に間に合うから、私が今から行ってあげようか」と言っても、たいていは「忙しいのにいいわよ。そこまでじゃない」と冷静になってくれる。私が言ったことを真《ま》に受けて、怒りを倍増させることなんて、ただの一度もない。

一度だけ、本当に最終列車に乗って、老いた父と母の夫婦喧嘩《げんか》の仲裁に向かったことがある。脳梗塞《のうこうそく》のリハビリ中の父が、感情を押さえられなくなって、母を怯《おび》えさせた晩のことだ。たしかにあの日は、私が駆け付けなければ、母はケガをしていたかもしれない。本当に必要な一回だけ、母は私というカードを使ったのである。娘として、その責任を果たせてよかったと今でも思う。

息子も、そうやって私の話を聞いてくれる。「うわぁ、それはひどいね」「あ〜、痛かったろうね」「ひゃ〜、それはたいへんだよ。よくがんばったよね」「ほんっと、それ、腹が立つんだよ。わかる〜」

息子があまりにも潔く、しみじみと共感してくれるので、私の愚痴はそう長くは続けられない。だって、一気に最高レベルの共感をもらったら、それ以上、なにができるだろう。あなたの母親の愚痴が延々と長いとしたら、「最高レベルの共感」をあげていないのでは？

前章で述べたが、「ことのいきさつ」派の話は、共感で聞くのが鉄則。母親は子どもの前で、子育てに有効な「ことのいきさつ」回路を使いがちなので、子どもが母親に共感してやるのは、基本のキなのである。

息子は、けっこう私にアドバイスをくれる。「まぁ、ハハも油断したよね。あの人にそう言ったら、こうなることはわかってただろうに」と、まるで自重するような「とほほ」という顔をして、優しい声で。

絶対に、夫のように「最初から、こうすればよかったのに」「きみも余計なことに手を出すからな」なんて、したり顔で言ったりしない。

息子のアドバイスのほうが、夫のそれよりきつかったりするのに、全然腹が立たず、ちゃんと明日の糧《かて》にできるのは、先に「最高レベルの共感」があるからに他ならない。

共感は最高の親孝行である

ちなみに、私の好きな息子のセリフは、「それは悲しいね。人生、そんなことあるんだな」である。

なにもかもが裏目に出て、へとへとになってしまう日があるでしょう？　そんなとき、息子に電話をかけて、自分の悲惨な現状を訴えると、息子がそのセリフを言ってくれるのである。そしてたいてい、「迎えに行ってあげようか」「電話して、なんとかしてくれるよう頼んであげようか」なんて言ってくれるのだ。

その一言だけで、悲しい日が、嬉しい日に変わる。息子のそのセリフを聞くために、悲惨なドラマが用意されていたかのように思えて。

でもね、そんな電話、人生で2、3度しかしたことがない。息子に電話をかければ、最高レベルの共感をもらえることがわかっているので、かけなくてもいいのだ。息子が言ってくれるはずのセリフを想像しただけで、小さなことは我慢できちゃう。

そして、今は、およめちゃんも、最高レベルの共感をくれるのである。

私が理不尽な目に遭えば、めちゃくちゃ憤慨してくれるのだ。美人の鼻にしわをきゅっと寄せて、可愛いシーサーみたいにして全力で怒ってくれるので、ほんと心が晴れる。

そんな息子夫婦と同居しているので、私は、理不尽な目に遭うのが、最近は楽しいくらいだ。これ言いつけたら、息子とおよめちゃんが憤慨してくれるだろうな～と想像して、くすっと笑っちゃったりして。

あなたの宝物は何ですか、と聞かれたら、私は躊躇《ちゅうちょ》なく「家族」と答える。家族のおかげで、人生楽しいばかり。負けが込んだ一日でも、家族の顔を見れば、オセロゲームの最後に、パタパタパタパタッと自分色に変わったみたいな気分になれるんだもの。息子夫婦は、魔法のランプ！

でもね、理不尽な目に遭ったとき、共感もせずに「母さんも悪いよ」とか「こうすればいいのに」「世の中もっとつらい人もいる」なんてアドバイスをくれる家族だったら、正直そこまでじゃないかも。それをする夫には、いまいち「魔法」とまで言い切れないところがあるもの。まぁ、かけがえのないことは間違いないけれど。

もちろん、アドバイス派の子どもだって、母親を愛しているのに違いない。愛しているからこそ、「正しい人」でいてほしくて、アドバイスをしてしまうのだろう。

でもね、母親と対話することの目的を、今一度考えてほしい。

彼女を正すことなの？　彼女を慰撫《いぶ》することなの？

「対話の目的」が、母親を慰撫し、互いに優しい気持ちになって、しかも、早めに電話を切ることだったら、ぜひ「最高レベルの共感」をあげて。

気持ちにだけ共感する

しかしながら、共感と言われたって、実際には、共感できないこともあるだろう。「こりゃ、母さんが悪いよな」と思ったのに、「母さんの気持ちはよくわかる」と言うことに、多くの日本人は抵抗があるようだから。

日本人は、「心」と「事実」を揃えようとする傾向が強い。つまり、「この人のしたことが間違っている」と思ったら、相手の心根まで否定してしまう。逆に言えば、「気持ちはわかる」と言った以上、相手の言いなりにならなくてはいけないような気がしてしまうのである。

だから、「気持ちがわかる。でも、やり方は違うと思う」という言い方が、なかなかできないのである。

イタリア語と韓国語は、対話の構造が基本共感型である。

人の話を、イタリア人は「Bene（いいね）」で、韓国人は「クレ（そう）」「アラ（わかる）」「クェンチャナ？（大丈夫？）」を駆使して聞く。盛大に共感して聞くが、答えはしっかり反対意見だったりする。

世界に目を向けてみると、「心」はできるだけ受け止めて、「事実」はクールに処理をする、という対話スタイルは多い。

考えてみれば、イタリア人も韓国人も、家族の結束が固くて、母親を大事にするお国柄。おそらく、共感をベースにする言語構造が、それをアシストしているのだと思う。母親なんて、子どもに共感さえしてもらえれば、心は満たされる。たとえ、自分の意見が通らなくたって、「心が満たされたこと」は、帳消しにはならない。

母親だけじゃない。パートナーだって、仕事仲間だって同じだ。

大切な人に反対意見を言うときは、相手の気持ちをありありと想像してみればいい。で、気持ちだけは、まるっと受け止めてしまうのである。

「あなたの気持ちはよくわかる。たしかに、そういう考え方もあると思う。でもね、私には、別のアイデアがあるんだ」「きみの見方は合理的だね。それはそれで必要な視点だと思う。でもね、僕は少し心配なんだ」というように。

「それって違うよね」「そりゃ、無理だよ」なんていうセリフで、切り込んでないだろうか。

それじゃ、母のトリセツ以前の問題。残念ながら、コミュニケーションの成熟度が低いと言わざるを得ない。

日本人の否定はひどすぎる

日本語は、「私は」と言う主語をつけない。「違うよね」「ダメだよ」「無理でしょ」のように、いきなり否定する。

暗黙の主語は「私たち」ひいては「世間」である。つまり、神目線。「この世に正解は一つで、あなたは間違っている」。そういうニュアンスを生んでしまう。

英語は主語を省略できない。このため、反対意見を言うときは、「私はそうは思わない」「私には別の考え方がある」「私は無理ではないかと案ずる」という言い方になる。たとえ、親子であっても。

英語のビジネストークでは、基本的に、人の意見の「よいところ」受けをする。「合理的でいいね、でも私にはクールすぎるように感じる」「いいアイデアだね、でも実現性が低いように思う」のように。

「どちらの言うことにも一理あるだろうけど、この度にふさわしいほうを話し合って決めよう」というニュアンスが、この話法にはある。

相手の心根や存在を否定せず、ただ意見の相違だけを伝える。だから、NOを言われたほうもショックが少ないし、NOを言うほうも言いやすい。

主語を省略しない癖をつければ、NOは、けっして人間関係を悪くしたりしない。たとえ親が子に話す時であっても、「母さんは、そうは思えないの」とか「パパは、きみが傷つくのではないかと心配なんだ」と言ってあげれば、NOを言いながら愛も伝えられる。

反対意見を言うときは、主語をつけよう

主語を省略できる日本語の特性のせいで、日本の親たちは、子どもたちに「無理」「ダメ」「違うでしょ」と断じてきた。英語を使う親たちの「母さんは、そうは思えないの」とか「パパは、きみが傷つくのではないかと心配なんだ」と比較すると、存在あるいは人格を否定するかのような、ひどい言い方である。

やがて、成人した子どもたちに、同じことをされる。親は、子どもに人格を否定されたような気分になって、腹を立てるのである。「親に向かってそんな口を利《き》くのか」と。いやいや、本来は、子どもに向かっても、言ってはいけなかったのだ。

日本人は、どこかでこの輪廻《りんね》を断《た》たないと、ずっと母親を持て余すことになる。この本を読んだあなたから、始めてほしい。母親にも、子どもにも、妻にも夫にも仕事仲間にも。相手の意見を否定するときは、主語（私は）をつけよう。その前に、「いいね」や「わかる」や「そうか」で、気持ちを受け止めてから。

というわけで、母親の言うことを否定するときは、「母さんの気持ちは、本当によくわかるよ。でもね」が合言葉と心得よう。

後ろ向きの母親にも共感しなければいけないのか

あるとき、講演でこんな質問を受けた。

——私の母は老人性うつの傾向があり、とにかく後ろ向きです。毎日のように、「生きていても仕方がない。死んだほうがいい」とため息をつきます。優しくしようと思うのですが、後ろ向きのための後ろ向きみたいな論法に呆れ、つい、「世の中には、母さんよりたいへんなのに、明るく生きている人がたくさんいるんだよ」と言ってしまいます。それを言ったからと言って、母が改心するわけもないのに。こんな母親にも、共感してやらなければならないのでしょうか。

50代と思しき、知性派の男性だった。エレガントな方なのに、憔悴《しょうすい》しきっているように見えた。

これを言うのは、本当に気の毒だと思ったが、私は「はい」と答えた。

あなたと、あなたのお母様が救われる道は、どんなに苦しくても共感しかない、と。

私の母も、80代の半ばにうつ症状に陥った。

母は、日本舞踊の名取で、立ち姿が美しく、軽快な踊りをさせたら天下一品だった。踊りを愛してやまなかった。80代に入って、腰と膝の痛みで、松葉づえなしでは歩けなくなってからも、椅子に座ったまま、手のふりだけでもお稽古《けいこ》に通っていたくらいだった。

それがとうとう、背中の圧迫骨折で、完全にあきらめなくてはならなくなったとき、母は、ぼんやりするようになり、やがて、「生きていてもしょうがない」と言うようになった。

私も最初は、「そんなことないでしょう」と励ましたり、「なんでそんなことを言うの？　私がいるだけでも、生きて行く理由にならないの？」と半ば責めたりしていたのだが、ある日、母と一緒に泣いてしまった。

私も社交ダンスを43年間も踊り続けている。ダンスが踊れなくなったら、翌日に死にたい（いや、ダンスのレッスン中に死にたい）と公言しているほど、ダンスを愛している。私に、同じことが起こったら、と、ありありと想像してしまったとき、私は苦しくて悲しくて、母のために大泣きしてしまった。

「お母さんの気持ち、うんとよくわかる。1か月だけでも、私が代わってあげたい。もう一度、舞台を踏ませてあげたい」……母の手を握って、心からそう言ったとき、母は「はぁ？」と言う顔をして、「やめてよ」と怒ったのだった。「あなたが、こんな目に遭うくらいなら、私が耐えるからいい。神様に聞こえちゃったらどうするの、変なこと言わないで」

それ以降、母は二度と、「生きていても仕方がない」と言わなくなった。依存していた睡眠導入剤もやめてくれて、おかげさまで、穏やかで愉快な母に戻った。

魂レベルの共感は、母の中の何かを変えてくれた。私たちには、この道しかなかったように思える。

子どもを産んだ直後の濃密な時間、母と子は、一体になって過ごした。魂のパートナーだったのだ。そんな魂のパートナーが深く共感してくれたら、きっと、脳の中で何かがブレイクスルーすると思う。

母親と、一度一緒に泣いてみたらどうだろうか。

心配のための心配

先日、我が家の息子が食中毒になって、3日ほど苦しんだ。原因も明らかで、症状もセオリー通りだし命に別条があるとも思えないので、コロナ禍に大騒ぎして病院に行くことはない、と息子自身が判断して、家で療養した。

我が家はトイレが二つあるので、他の家族とも完全に隔離できる。妊娠中のおよめちゃんは、私の部屋に退避させて、私が息子の看病をすることになった。

で、「大丈夫？」「水枕を替える？」「水がいい？　お茶がいい？　スポーツドリンクがいい？」と声をかけていたら、心底つらそうに、「今は、放っておいてくれるのが一番」と言われて、はっとした。

水枕なんか黙って替えればいい、水とスポーツ飲料とお茶をクーラーバッグに入れて枕元に置いてやればいい。それが減っていなければ、あらためて声をかければいいのに、いちいち息子に声をかけるなんて、自分自身が安心したいために他ならないのだ、ということに気がついて。

息子の気持ちになるよりも、私の気持ちを優先していたのである。自分の不安を解消するために、彼の声を聞きたかったのだ。

苦しんでいる息子のためを思ったら、たしかに放っておくのが一番だった。その後も、ほしいものがあったら、およめちゃんにLINEで連絡が来て、およめちゃんが私に言ってくれるか渡してくれるので、私は届けるだけ。直接私にLINEすると、過剰反応するので（「これでいいの？」「あれはどう？」「ほかに欲しいものは？」「気分はどう？」）、めんどくさいのだろう。およめちゃんはいい意味で気を回さない、素直な人なので、彼にとってはうんと楽なのに違いない。それに、隔離されて会えない妻に、ちょっとでも連絡を取りたいのだろうし。

あっさりと「放っておいてね」と言おう

ここにおいてのポイントは、息子が早い時点で、「放っておいてくれるのが一番」と言ってくれたことだ。

私はかなり理解のあるほうの母親だと思うが、それでも、息子が、私のことばに我慢して返事をしたあげくに、とうとう我慢できずに急に不機嫌になって、「うるさいなぁ。もう、放っておいてくれない?」と言ったのなら、ムッとしたと思う。ムッとしただけで、自己反省はしないので、当然、同じことが繰り返される。

そうなると、母親は、「子どもなんて育てる甲斐がなかった。母親にちっとも優しくない。私がこんなに尽くしているのに」と愚痴を言い、子どもは子どもで、次は優しくしてあげようと思うのだが、我慢しているうちに「母の愛の津波」は暴力的なまでになり、とうとう爆発してしまう……そんな悪循環にはまってしまう。

勇気を出して、早い時点であっさりと「（勉強に集中したいから）（仕事に集中したいから）（考え事に集中したいから）（ただただ眠りたいから）放っておいてもらいたい」を言えばいい。「助けが欲しかったら、こっちから言うね」と。

万が一、それが間に合わなくて、つい「うるさい」と言ってしまっても、まぁ大丈夫。母親は、恋人と違って、一度や二度のそれでめげたりしない。しまったと思ったら、「ごめんね」と言えば、十分、取り返しがつく。

母と子の一体感が創り出す弊害

「子どもには、放っておいてあげる時間が必要だ」「同じ家の中にいても、四六時中話しかけていい相手ではない」は、早いうちに母親に刷り込んでおいたほうがいい。

私と弟は、これをせずに、18歳で家を出てしまった。

弟は50代になって、両親の家に戻り、今は、90歳の母と60歳になろうとしている息子の二人暮らしである。母は足が悪く、自分でトイレには行けるものの、気軽に動くことがかなわない。その母が、ことあるごとに弟を呼びつけるのである。

真夜中に、ふと「玄関のカギはかけたかしら」「台所のガス栓はしめたかしら」などと思いつくらしい。で、2階に寝ている弟に電話をかける。

炊事をしている私にも、いちいち大声で呼んで、「換気扇は回したのか」「ゴミ袋は換えたのか」「なにを作ってるの？　大丈夫？」と聞いてくるので、弟にもそうしているのだろう。

耳が遠いので、傍《そば》まで行かなければならない。「今、何つくってるの？」に「天ぷら揚げてるのよ」と言いに行ったら、「火のそばから離れちゃダメじゃない」と叱られた。居合わせた弟が「あんたのせいでしょ」と怒ってくれたっけ。

私は、月に一度くらいしか帰れないので、母の目になり、手足になるのはぜんぜんかまわない。それどころか、母の脳が、料理の段取りを覚えていて、私の手元を心配してくれることがうんと嬉しい。やがて、台所に立つ私にも無関心になって、あの世への旅の準備を始めるのだろうから。

とはいえ、毎日一緒にいる弟は、きっとたまらないと思う。人生のもっと早いうちに、

「母親といえども、子どもは、自分の手足のように使ってはいけない。母と子は一体じゃないんだから」を納得しておいてもらえばよかった。

今、弟は、遅まきながら、それをしている。呼ばれても、行かない。母の短期記憶力がかなり短くなっているので、母もやがて忘れて、寝入ってしまう。

ただ、弟は、「こんな些細なことで、いちいち呼び出すなんて、自分の息子のことをリモコン程度にしか思っていないんだよ。なめてるのが腹が立つ」と言うのだが、そのストレスを抱える必要はない。

母親が、子どもを手足のように使うのは、自分の身体の一部だと思い込んでいるからだ。なにも、下に見ているのではない。

夫が優しくないのは一体感のせい

日本の夫たちは、妻に優しいことばをかけるのが苦手だ。美味しいとも言わずに、妻の手料理を食べ、整えられた部屋に、感謝もせずに横になる。「私がやるのが当たり前だと思ってる。私は、お手伝いさんなの？」と妻は嘆くことになる。

これだって、母たちの脳と同じことだ。妻が自分の一部のような感覚があって、いちいち褒《ほ》めないのである。自分の心臓に「毎日動いてくれてありがとう」と言わないように。自分の手に「思い通りに動いてくれてありがとう。素晴らしいよ」と言わないように。

一体感があるからこそ、あらためて優しいことばをかけることに思いもよらない夫と、一体感があるからこそ優しくしてほしい妻。日本の家庭には、そんな寂しい構図がある。


この日本の夫たちの「一体感による、妻の手足扱い」は、日本の母たちの「一体感による、子どもの手足扱い」から始まっているのではないかと、私は睨《にら》んでいる。

日本人の母たちは、幼子に「プリン、食べようねぇ」「お帽子、かぶろうね」などと、声をかける。暗黙の主語は「私たち」である。

英語なら、主語を明確にせざるを得ないので、文章で話しかけるなら「プリンはいかが?」「帽子をかぶせるけどいい?」のような言い回しになる。つまり、大人に話しかけるのと同じように、「私」と「あなた」が明確なのだ。

「プリン食べようねぇ」は、母と子が一体の生き物であるかのような言い回しだ。母親の手がその〝生き物〟の手、子どもの口がその〝生き物〟の口である。母と子が、しばらく一体なのである。

動けない高齢者を介護する人も、「○○食べましょうねぇ」と声をかけたりしている。「あなたの手になってあげるね」という合図である。私の父は、晩年、ベッドに食べ物を運んでくださる人の「お夕飯、食べましょうねぇ」にひどく傷ついていた。自分で食べているのに、半人前扱いされているのが悲しい、と。

たかがことば、されどことばである。

一体感ゆえの嫌悪感

主語がなくても話が通じる私たちの日本語は、ときに、話者の一体感を強く演出しすぎる。

前にも述べたが、人の意見を否定するとき、「それって、ダメだよね」「それは無理でしょう」という言い方をする。暗黙の主語は「世間」なので、これ、全否定である。

子どものほうには、挽回する余地がない。英語を使う母のように、「それは、無理だと私は思う」と言われたら、無理じゃないと思える理由を言えるのに。

そりゃ、そうはいっても、英語を使う母だって、人生のある時期までは、圧倒的に支配的だろう。生命の与奪権を握られているのだもの。しかしながら、大人になるまでに、母と子の暗黙の一体感が、日本語の使い手ほどには残らないはず。主語を必ず付ける言語習慣で育ち、やがて夫婦になれば、夫婦もまた、互いを別個の人格として、話し合えるようになる。

日本語の主語抜き会話は、母と子が別人格になるのを阻止する。母と子がつながっているから、「自己嫌悪」のように母親を厭《いと》い、傷つけあいながら親離れしていくことになるのだろう。

日本語の一体感は、魂の孤独をつくらない

でもね。私は、日本語が創り出す一体感も嫌いじゃない。

アメリカでは、日本に比べて、日常的にカウンセリングを受ける人が多い。カウンセラーの数も圧倒的に多く、保険も効くという。もしかすると、母と子が、夫婦が、一体でない感覚＝別個人として生きる国は、ひとりひとりが孤独なのかもしれない。だから、愛の

ことばも、心がけて交わしておかないと危ないのかも。

家族が一体感のもとにあることは、素敵なことだ。「家庭の中の孤独」を作りにくい。

だけど、母親の不機嫌に、子どもが巻き込まれるという弊害がある。子どもが、母親に反論しにくい、自己主張しにくい国である。その弊害だけ、なんとかすればいいのでは？

というわけで、「反論するときだけは主語をつける」を、この国の習慣にしたらどうだろうか。せめて、あなただけは、そうしてみるといい。母親と自分を、別個の存在にすることができるから。

一体感をつくり出すことばを捨てることはない。家族に絆をつくり出す、大事な言語習慣だから。

老いた母に優しくしてあげたいなぁと思ったら、幼いころ、彼女が使ってくれた一体感のことばを使ってみたら？　「母さん、プリン食べようね」「母さん、散歩しようね」、そんなふうに。

介護の方に言われるのには違和感があっても、息子や娘に言われたら、きっと嬉しいと

思う。母と幼子だった日の一体感が蘇《よみがえ》ってきて。十分に老いた母にとっては、なにより
のプレゼントに違いない。

第四章　母親をつき放しつつ喜ばす方法

母親には悪気はなく、ただただ親切のつもり。けれど、子どものほうは心底うっとうしくて、神経がやられる。それが、大人になった子どもと母親の、陥りがちな闇だ。突き放すしかないのだけれど、突き放したら突き放したで、後悔で神経がやられる。母親が、つまるところ、愛情でそれをしていることを知っているから。

抜け道がないように見える、そんな母と子の〝沼〟だけど、この章では、その抜け道を示そうと思う。

できるだけ傷を少なくして突き放す方法と、突き放しつつも、ちょっとだけ母親の気持ちを慰撫することで、コミュニケーション満足度だけは残す。そんなアイデアをいくつか。

「よかれと思って」がうっとうしい

心配して、声をかけてくれる。手をかけてくれる。

ありがたいと思わなきゃいけないんだけど、どうにも、うっとうしい。

実の母もそうだが、姑にはいっそう強く、それを感じる女性も多いと思う。意地悪なら、それなりに心もガードして、なんなら迎撃できるけど、「うっとうしい親切」は断りにくいし、自分がひどい嫁になったような気がして、さらに落ち込んでしまうしね。

いつだったか、ちらりと見た漫画で、「つわりで家のことができなくて、家中がひっちゃかめっちゃかになってしまった嫁のところへ姑がやってきて、あれこれ片づけてくれるのだけど、嫁はストレスで沸騰寸前。〝シーツも替えてあげるわね、替えのシーツはどこ？〟と聞かれて、とうとう爆発してしまう」というシーンがあった。うわぁ、わかる、と声を上げてしまった。私の姑は、そんなことをしたことはなかったけど、これされたら、たまらないだろうなぁ、わかる、わかる。

動物には、弱みを見せたくないという本能がある。一歩も動けない、死ぬかもしれない、という事態ならいざしらず、他人に「ワヤな家の中」を絶対に動き回られたくなんかない。いや、実の母でもごめんだ。

しかも、「悪気はない」とはいうものの、母も姑も、あとから、そのことを蒸し返したりする。「さすがにきれい好きのあなたも、あのときはひどかったよね」みたいにね。こんなざらっとした思いをさせられるくらいなら、弱みを握られたくないのが人情であろう。

長く生きた女の、蒸し返し癖

長く生きた女には、蒸し返す癖がある。

あれは、本当に厄介である。

親戚には、必ず、このタイプのおばさんがいる。お正月に母が筑前煮を出すと必ず、「あなたがお嫁に来てすぐのころ、こんにゃくに味が染みない、どうしたらいい？　って、駆け込んできたわよね。田舎育ちでうぶだったから」と蒸し返す叔母。都会育ちで、自分に絶対の自信がある人で、本人には悪気はないのだろうけど、ことばに毒がある。母はきっとそのたびに、あのとき頼らなければよかった、と悲しかったに違いない。私も、私の小さい時の所業を何十年経っても蒸し返す、母の旧知の友人が苦手だった。

長く生きた女たちのそんな癖に、誰でもうんざりさせられた経験があるから、大人になったら、母親や叔母ひいては姑に、先の蒸し返しのネタ＝弱みを握らせたくないのだと思う。

素直に頼れない。その原因の一端を担っているのは「長く生きた女たちの、蒸し返し癖」である。

この蒸し返し癖、実は、女性脳の大事な機能でもある。「過去の経験を瞬時に引き出して、子どもを守る」母性の基本機能だからだ。つまり、女らしい人ほど、蒸し返す。「悪気がなくて、おせっかいで、蒸し返す」のが、女性脳の本質と言っていい。そうでないと子どもが無事に育たないからね。

長く生きた女たちのおせっかいと蒸し返し癖は、人類が続く限り、永遠に消えない。母や姑がうざいのは、人類普遍の真理と言っていい。というわけで、「よかれと思って、悪気のない、けど、どうにもうざい」母や姑にどう対処するか、である。

これはもう、率直に、NOと言うしかない。

先に、食中毒の息子が言ってくれたように。「今は、放っておいてもらえるのがありがたい」と。

一つだけ、頼みごとをする

ことが起こり始めたら、できるだけ早く（早いほうが傷が少ない）、あっさりと「お母さん、お願い、今は放っておいて」と言えばいい。「静かにしていたいから」「仕事（勉強）に専念したいから」「考え事をしたいから」

本当の理由は、「母親の相手をする時間（気力）がない」「母親の顔を見ると気が滅入る」なんだけど、原因まで正直に言う必要はない。放っておいてほしい気持ちだけを正直に、理由はあくまでも「ほかに専念したいことがあって、残念ながら」を装ってあげてね。

そして、一つだけ、頼みごとをするといい。「明日の朝、モーニングコールかけてくれる？」「母さんの味噌汁が飲みたいな。それだけお願い」「スポーツドリンク、買ってきてくれる？　悪いけど、それだけお願い」

世話をしたい！　これは、長く生きてきた女たちの本能であり、悲願なのである。お腹のすいた子が「食べたい！」と腹の底から思うように、アスリートが「勝ちたい！」と腹の底から思うように、母たちも「世話したい！」と腹の底から思う。

うざいのはわかるが、一つだけ「餌《えさ》」を投げてほしい。しかも、それが母親の得意技（「母さんの味噌汁」「母さんのおかゆ」「母さんのアイロン」）なら、なおいい。母親の満足度が高くなる。

つわりや病み上がりに、母や姑が押しかけて来るのなら、「来ないで」と言うよりは、

「一つだけ、頼みごと」をして退散させるほうが楽だ。「来ないで」と言ってしまうと、心配する電話やメールの回数が増えるので、これも厄介だから。

嫁姑問題のキーマンは夫（息子）

姑の場合は、夫から言ってもらうといい。

娘がいない私は、とにかくおよめちゃんがかわいくて、当初はかまい倒してしまったらしい（あまり自覚がないのだけど）。およめちゃんが、私が愛してやまない社交ダンスにはまってくれたのも一因で、ドレスも靴も買ってあげたい、パーティにも連れまわしたい、と盛り上がっちゃったのである。

一緒にドレスを選んで、お化粧の算段をして（「あいちゃん、このドレスに、このアイシャドウはどう?」「アイライナーはもっと黒いほうがいいよ、お母さん」とか）、連れ立ってパーティに行けば、若くて美人なおよめちゃんは華やかに目立つ。お揃いのドレスなんか来た日には、みんなに羨ましがってもらえたし。

なにより、ダンスの才能がずば抜けていた。これに、およめちゃんの高校時代からの親友も加わって（彼女がまたダンスの才能が素晴らしい）、我が家は一気に華やいだ。娘たちのかわいいこと、かわいいこと。息子もかわいくてたまらないけど、娘のそれはまた別である。

あるとき、娘のいる友人が「娘もかわいいけど、嫁もかわいい。そのかわいさはまた別なの。愛してやまない息子を愛してくれる人、同志感というのかしら、それがある」と語ったが、私も、およめちゃんにそれを感じる。

私は、息子を「世界一」だと思っているが、さすがに、他の人がそう思っているとは思っていない。しかし、およめちゃんはそう思ってくれる、唯一の同志だ。「お母さん、ゆうさんのハイネックセーター姿、かっこいいよ、見てみて」なんて言ってくれて、二人で「ほんと、カッコイイ」と、息子に見惚れる。

息子は、母親と妻に、「カッコイイ」の「カワイイ」のと、やいのやいの言われる暮らしで難儀だろうけど、生まれつきそうなので（黒川の両親にも、私の両親にも唯一の孫だったので、二人の祖母と母親からやいのやいの言われて育った）、けっこう平常心でやりすごしてくれる。

そんなわけで、娘のかわいさと、嫁の同志感が一気にやってきて、私は夢中になっちゃったのである。

そこへ、息子の釘が刺さった。

「あいちゃんはね、母に誘われると断れないんだよ。で、ちょっと無理して、それが後でストレスになっちゃう。楽しいこととはいえ、あまり誘わないで。彼女が自発的に行きたいと言ったときだけにしてあげて」

「あいちゃんはね、自分のペースでやりたいんだよ。失敗したって、それも楽しいわけ。言いたいことがあるだろうけど、口を出さないで、見守ってあげてね」

言ってくれて、本当に良かった。

それを言ってくれなかったら、「適正の距離感」がつかめなかった。

およめちゃんは、私の秘書もしてくれているので、私たちは、公私ともにスケジュールを知り尽くしている。「仕事が忙しくて」という言い訳もできないし、「気が乗らないとき」に逃げ場がなかったのである。追い詰めちゃって、かわいそうなことをした。

彼女と私は、ダンスに対するスタンスが少し違う。彼女は華やかな雰囲気を愛し、私はがんがん踊りたい。今では、私のダンスライフと、およめちゃんのダンスライフは6割がた別物で、およめちゃんの親友とのほうが、一緒にパーティに行く回数が多い。「娘さん?」「およめさん?」と聞かれて、「いえ、およめちゃんの高校時代の同級生」と答えると、たいていの人はびっくりする(微笑)。

空間を分ける

「暮らしのプライバシー」も、とても大事だ。

大人になった子どもに、親は心がけて、プライバシーの空間と時間を確保してやらなければならない。若夫婦となれば、いっそう気を遣わなければね。

空間のほうは、私もわかっていた。

別居なら、連絡もなく、いきなり訪ねないこと。訪問したときは、自分の家のようにキッチンに入ったり、冷蔵庫を開けたり、ましてや掃除や洗濯を始めないこと。

同居なら、二人の部屋に気軽に立ち入らないこと、二人の持ち物になるだけ触らないこと。

私は、二人が2年間暮らしていたアパートに、一回しか行ったことがない。二人がほぼ週末ごとに、我が家に帰ってきてくれたのもあるけど。田舎のアパートよりも、都会の実家のほうが遊び甲斐があり、食費も浮いたようで（微笑）。

やがて、彼らの家を何とかしようということになったときも、私自身は、二世帯住宅をつくることに最後まで反対した。私たちには、黒川の両親が残してくれた家土地と、私たちのマンションがあり、これが歩いて1分もない距離。古い家を建て替えて、息子夫婦の家にして、「スープの冷めない距離」で暮らせばいいと思っていた。空間のプライバシーを確保してやるために。

しかしながら、息子は、「将来、半端な家と古いマンションを残されるくらいなら、高く売れるうちにマンションを売って資金化して、少しでも広い家を建てたほうがいい」と言い、およめちゃんは、「お母さんの料理と暮らしたい」と言い、夫は、「僕も新しい家に住みたい」と言い、民主主義の黒川家は、二世帯が住む3階建ての家を建てるに至った。

私は、それを決心するとき、「じゃ、3階は、あなたたち二人の〝家〟だから、母さんは、行かないようにするね」と宣言した。およめちゃんは、ちゃっかり、「そうね、お母さんは、3階のない家だと思って暮らして」と笑顔で念押し（なんともキュートでしょ？）。引っ越して、1年半になるけど、私は、たぶん数えられるほどしか彼らの部屋には入っていないと思う。それも、階段下で一回声をかけ、部屋に入る前にも声をかけて「訪問」するように心がけている。

別居している姑が、いきなり訪ねてくる。いきなりキッチンに入って、なんなら汚れたコップを洗ってくれちゃったりする。境界線に踏み込んでくる姑は、ゾンビのようで、本当に嫌だと思う。

けれど、姑が遠く離れた地方にいたりして、そういう経験がない母親には、わからないのである。一人暮らしの子どものアパートを片づけてやるような気軽さでそれをしてしまうだけなのだ。だから、「NO」と言わなきゃダメなのである。

嫁である人が、躊躇せず、「お母さんに汚れものを洗ってもらうのは、胸が苦しくなる。見て見ないふりが一番嬉しい。うちの台所には入らないで、ゆっくりしてて」とちゃっかり言うのが一番。

それが言えないのなら、夫（息子）がそれを言うべき。「うちに来るときは、ちゃんと連絡して。台所に入って、洗い物なんか片づけちゃだめだよ。彼女が申し訳なくって、ストレスになっちゃうから」

言ってくれれば、母だってわかる。想像できる。自分が嫁だったことがあるんだから。もしも「水臭い」と言われたら、こう言い返せばいい。「それだけ、僕たちにとって母さんは大事なんだよ。他人行儀なわけじゃない。本当に助けてほしいときは、真っ先に母さんに電話するよ」

空間のプライバシーは、きっちり境界線を引かないと、テキは、どこまでもずるずると入ってくるよ。最初にカチンと来たときが肝心である。

「母の痕跡」を残さない

ちなみに我が家は、一人1クローゼット制である。すべてウォークイン。昔なら納戸と呼ぶサイズのクローゼットを全員が持っている。で、自分のものは、すべてそこに入れる。夫婦でクローゼットを共有すると、「片づいてない」「そっちのものが多すぎる」「着ないものをいつまで置いておく気？」と言い合うことになる。私たち夫婦も、息子夫婦も、クローゼットが原因の夫婦喧嘩が何度もあった。それをゼロにしようという戦略である。理由はもう一つあった。やがて、私や夫が死んだとき、そのクローゼットの中身を「えいやっ」と捨ててしまえば、後始末が完了するから。

私は、黒川の母に突然逝《い》かれてしまった。倒れた日の朝、母が、台所の椅子の背にカーディガンとエプロンをかけたのを、2年間、片づけることができなかった。ときどき、母の家の様子を見に行って、母のエプロンに触れて、しばらく母を思ったりしていたのだ。

いつでも片づき、いつでも美味しい糠漬けがあった母の家。忙しい私と和食好きの孫息子のために、週に一度は煮物を届けてくれたっけ。買い物帰りに母のところに寄って、二人でアイスクリームを食べたり、いきなり糠漬けが食べたくなって、走って行って「おかあさん、糠漬けある?」とご馳走《ちそう》になったり。母がいるのが当たり前で、そんな時間が永遠に続くと思っていたのに……。

とうとう家を壊すことになり、およめちゃんと息子と3人で、それを片づけたとき、私は号泣してしまった。およめちゃんが、優しく抱きしめて、背中をさすってくれた。

時は流れ、嫁だった私が姑になった。母の席に、私が座る。一人息子しかいなかった黒川の母や父が、25歳で嫁いだ若い嫁をどれだけ私を可愛く思ってくれたのか、今なら、母の目線でわかる。奇しくも、およめちゃんが我が家に来てくれたのが、25歳のときだった。もうすぐ、孫も生まれるが、母が孫息子に注いでくれた大いなる愛を、私も経験していくのだろう。

私は、いつの日か、家中に残った「母の痕跡」で、およめちゃんを泣かしたくなかった。だから、すべてはクローゼットに。カーディガンを脱いで一時置きするときも、クローゼットだ。クローゼットに入る以上のものはもう買わない。その日が来たら、目をつむって、ぜんぶゴミ袋に入れてくれればいい。なんなら、人を雇ったらいい。

——そこまでして、プライバシーを確保したのに、死角があった。時間のプライバシーである。

時間も分ける

黒川の母は、職人一家の長男のところに嫁いで、ずっと舅《しゅうと》姑《しゅうとめ》と同居だった。なので、「嫁のプライバシー」が阻害されがちなことを痛感していて、本当によく気を遣ってくれた。母があまりにもよくしてくれたので、私は気づかなかったのだ。時間にもプライバシーがあることに。

母は、2階に暮らす私たちに、不用意に声をかけることをしなかった。休日は、朝ご飯を食べて2階に上がったら、「お昼、どうする？」まで放っておいてくれた。

私もそうするべきだったのに、「思いついたら、声をかける」をしてしまい、およめちゃんを「家出」にまで追い込んでしまったのである。


たとえば、コーヒーを淹《い》れるとき、「コーヒー入れるけど、飲まない？」と聞いてしまう。アイスクリームを食べるときも、夜食を食べるときも。

だって、逆の立場だったら、声をかけてもらわないと寂しいから。息子とおよめちゃんが仲良くコーヒーを淹れている気配がするのに、「ハハは？」と言ってくれないなんて。

けど、当然、これが息子夫婦にはうっとうしいわけだ。二人仲良く音楽なんか聞いてるときに、母親の「コーヒー飲まない？」なんて、誰が聞きたい？　まぁ、ちょっと考えてみればわかるのにね、これが案外気づかないものなのだ。

そのほかにも、「お風呂、いつ入る？」「宅配便、来てるよ」「洗濯物、ない？」「ここ、ついでに掃除機かけておいてね」などなど、私は最初、ぜんぶ、口に出していたのである。

そのうえ、彼女は私の秘書でもあるので、仕事で思いついたことも、家の中でつい口にしてしまう。

とうとう彼女が神経をやられてしまい、ある晩、家出してしまった。家出するときがかわいかったけどね。「お母さん、起きてる？　一人にならないと、もうダメになっちゃうから、家出してきていい？」と声をかけてくれたのである。で、律義にも、私が渡している家族用のクレジットカードを返してくれようとした。

私が、「もちろん、いいよ。気が済むまで、ひとりになってきたらいい。ホテル、取れたの？」と尋ねたら、「うん」と言う。「何かあるといけないから、家族カードも持って行ってね」と言って、彼女を送り出した。

その後メールで何度もやりとりして、息子とも話し合って、彼女が追い詰められた理由を知った。私は、彼女を神経症すれすれまで追い込んで、やっと、彼女の「時間のプライバシー」を奪っていることに気づいたのである。

息子のアドバイスもあって、会社の用事は、家では口にしないことにした。会社の用件を思いついたら、彼女の秘書アドレスに送っておけばいい。出張が相次いで、会社に行けない日の朝だけ、「これ持って行って処理してくれる」のようなやりとりはあっても、五月雨式《さみだれしき》に言うことは絶対にしない。

「ご飯ができた」以外の、「コーヒー飲まない？」「プリン、買ってきた～」も言わない。ただし、「お帰りなさ～い」が大きな声で帰ってきたときと、かき氷だけは例外。

お風呂も空いていれば入る（相手の入浴時間を気にしない）、洗濯も出ているものだけする。洗濯が終わった後に追加が出て、がっくりくることはあるけれど、それも明日やればいいだけのことだ。

家族の連絡網を作ろう

というわけで、まとめ。

姑に限らず、普通の親子同居でも、「プライベートな空間にいるときは、互いに不用意に声をかけあわないこと」を一度確認しあったほうがいい。

その際に、家族ＬＩＮＥやホワイトボード、「冷蔵庫の付箋紙《ふせんし》」をうまく使って、時間差で連絡を取り合う仕組みを作るべき。

ウィズコロナの時代に、家族が顔を突き合わせる時間は、各段に長くなった。子どもの側だけじゃなく、母親のほうの「もう我慢できない」も聞くようになった。

今までなら、昼間、一人の時間を満喫できた。ペースを乱されることなく家事をバリバリ片づけ、合間にゆっくりする時間もあったのに。夫や子どもたちが、かわるがわるリビングに現れて、「この麦茶、飲んでもいい？」「あれ、どこ？」「これ、洗濯して」「お昼、どうする？」と声をかけてくる。家事の手が中断されて、時間が細切れになり、効率が悪くてしょうがない。ゆっくりすることもできず、気持ちが追い詰められていく。寝室に逃げ込みたくても、夫がリモートワークに使っている。主婦役の人にプライベートな時空がまったくなくなってしまっているのだ。

子どもだけじゃなく、母も守らなければ。

この「母を守る」を強調すれば、きっと言いやすい。「話しかけないでくれる？」から入ると、喧嘩腰になってしまうので、「家族の連絡網」を構築するところから始めるのである。

家族ＬＩＮＥを設定して、「やってほしいこと」「買ってきてもらいたいもの」は、ここに書き込むことにしようと提案する。「そうすれば、言った、言わないが起こらないし、忙しい母さんの手を止めないでも済むから」と言ってあげればいい。

「冷蔵庫に付箋紙を張る」「ホワイトボードに書き込む」など、アナログも併用すると便利である。

我が家は、料理中とかに気づいた「なくなりそうなもの」を、付箋紙に書いて、冷蔵庫の扉に貼っておく。買い物に行く人がそれを持って行けばいいし、仕事帰りにふと付箋紙の内容を思い出して、買って帰ったりもできる。

今ではアプリを活用している人もいるはず。「買うべきもののリスト」をネット管理するアプリもあるという。

本当はね、冷蔵庫に向かって、「〇〇がなくなりそう」「〇〇がない」とつぶやけば、冷蔵庫の扉に、そのリストが映し出されるとともに、ネット上の「家族の買い物リスト」にとばしてくれるといいなぁ。さらに、冷蔵庫自体が足りない食材に気づいて、賢く足してくれてもいい。そんなＡＩ冷蔵庫、そろそろ販売されてもいいだろうに。

家族の連絡網には、主婦である人を孤独にしないという効果もある。

冷蔵庫の付箋紙を導入するまで、我が家では、「母さん、ケチャップがないよ」「ハハ、マヨネーズがなくなる」と、すべて私に向かって、備品調達の指示がとばされた。毎日のように新幹線や飛行機に乗っている繁忙期なんて、「私にいつ、買ってくる暇があるわけ？」とため息をつきたくなった。

家族は別に、私に買ってこいと言ってるわけじゃないのにね。私が、家政の指揮官だと思ってるから、報告してくるだけ。「じゃ、明日買ってきてね」と言えば、「うん」と言ってくれるのに。

付箋紙になってからは、なくなりそうなことに気づいた人が、付箋紙に「ケチャップ」と書くだけ。定年退職して家にいる夫が、たいてい、「そろそろ買いに行くか」と付箋紙をはがして買い物に行ってくれる。私も、「今日は帰りに買い物ができるな」と思えば、はがして持ち出す。アナログの良さは、はがしてしまえば、誰かが調達するという合図なので、買い物が重複しないことだ。

「不要不急の声はかけない」家族ルール

家族の連絡網が確立すれば、主婦の孤独感が緩和し、母親の不満も少なくなり、口数も減る。

とはいえ、「自室に入ったら、声をかけないことを明確にルール化する必要がある。この際も、母を気遣うことばを先に言う。「互いに何かしているときは、不要不急のことでは声をかけないことにしよう。お母さんが韓流ドラマ見ているときに、中断したくないし。僕たちもそうなんだ。何かに集中しているときに、コーヒー飲まない？　とか言われて、手が止まってしまうことがある」

これは、別居している親子でも、しておいたほうがいい。

お盆休みや年末年始、夫の実家に帰るのは気が重い。そう感じる妻たちの本音は、「プライバシー、ゼロじゃん！」である。やっと部屋に落ち着いて寛《くつろ》げたと思ったら、「スイカ切るけど、食べる？」なんて言われて、あわてて台所に駆け付ける。

日ごろ、一緒にいないから、半ばおもてなしのつもりで、母親は次から次へ声をかけるし、日ごろ一緒にいない後ろめたさで、嫁も気を遣ってとんでいくことになる。

気を遣わないで、と言われても、そんなわけにはいかないし、場合によっては、「気を遣わないで」を真に受けると、たいへんなことになっちゃうヤバい姑もいる。かくして、たまの帰省に、嫁はくたくたになってしまうわけ。

結婚して最初に帰省するときに、夫（息子）がちゃんと仕切ってほしい。「部屋に入ったら、放っておいて。日ごろ、共働きで（子育てで）うんと忙しい彼女を、ゆっくりさせてやりたいんだ」

うちの夫は、黒川の母に、一番最初に、それを言ってくれた。「娘のようにしてあげてほしい。彼女の実家は遠いし、共働きの彼女が、ここに来たときくらいは休めるように」と。母は、「もちろんだよ」と言ってくれて、本当に生涯、いわゆる昭和の嫁扱いはしなかった。「小学生の娘が家にいるかのように」、ご飯を作って食べさせてくれたし、洗濯もしてくれた。

同居しているときのこと。平日は母が息子を一日中見てくれて、家事もしているので、休日くらいは、と思って、息子を夫に預け、私が風呂掃除なんかする。で、ふと見ると、母が息子を背負っているではないか。夫に、「なんで、あなたが見ないの」と言ったら、夫はのうのうと「母さんが、テレビも落ち着いて見れないだろう、と言って連れてってくれた」と言うのである……！

私が業《ごう》を煮やして、「あなたも家事を半分すべきじゃない？　なんなのそれ！」と夫を責めたら、母が、「あのぅ」と声をかけてきた。「明男の家事に、私のやった分も乗せて考えてくれない？」

「お母さん、それは、圧倒的に私の負けです」と大笑いしてしまった。母が家事の7割以上をやっているのだもの。私vs黒川親子の家事対決に勝てるわけがない。たとえ、夫がゼロでも。

定年まで、夫はとことん家事を放棄していたけれど、「黒川の母」と言うアタッチメントがついていたと考えると、かなり掘り出し物の夫だったと言える。なんといっても最初に「娘のようにしてやって。休ませてやりたい」と言ってくれたのは、大ホームラン、めちゃくちゃお手柄である。

プライバシーを侵害するというサービス

空間と時間を、しっかりと線引きする。

互いに、踏み込まない、空間と時間を確保する。

そのうえで、子どもの側が、ちょっぴり母のプライバシーに踏み込む。これは、けっこう素敵なサービスだ。


私自身は、自室にいる息子夫婦になるだけ声をかけないようにしてるけど、息子たちは、ときどき、私にそれをしてくれる。

二人で仲良く、何かを作ったとき、書斎にいる私のところに、およめちゃんが、「美味しいから、お母さんも一口食べない？」と持ってきてくれたり、「ハハもおいでよ」と息子が迎えに来てくれたりする。

あれは、本当に、嬉しい。

あとね、およめちゃんが何かちょっとした相談事があって、私の部屋に来て、ついでに私の寝床に横になって、猫を撫でたりしてくれるのも好き。

なんやかんや言っても、母親のほうは、子どもたちにちょっと踏み込んでほしいのね。だからこそ、自分が子どもにそれをしちゃうわけ。母のそれはルールで阻止しても、母の「ちょっと踏み込んでほしい」だけは、たまに満たしてあげてほしい。

逆に言えば、子どもの側から「ちょっと踏み込んであげる」サービスをしておけば、母の側から踏み込んでくる回数が自然に減るので、子どもの側の利にもなる。

できない嫁には情が湧く

さて、ここまでに、ずかずかと踏み込んでくる親を阻止する方法を述べたが、そもそも、姑に弱みを見せたくないという気持ちは、なぜなのだろうか。

姑に、ダメな嫁だと思われたくない。姑に気に入られたい。そういうこと？　だとしたら、ここには、少し誤解があるのかも。

令和の姑は、「いい嫁でないと、気に入らない」なんてまったく思ってない。そもそも、嫁の存在意義に対して、自分に発言権があるなんて微塵《みじん》も思ってないし。

むしろ、完璧な優等生嫁より、ちょっと抜けてて、「お母さんだけが頼り」と言ってくれる嫁のほうが可愛いはず。なぜならば、母性を作り出している脳神経回路（右脳と左脳の連携回路）は、「はみ出す個体が愛おしい」と感じる回路でもあるからだ。昔から「できない子ほど可愛い」と言ったけど、あれは、脳科学的に見ても真理なのである。

できる子は誇らしいけど、できない子には情が湧く。そうやって、どんな子でも育てられるように、母の脳はできているのだ。よほど変わった脳の持ち主でなければ、母になった以上、母性であふれている。

考えてみて。息子が結婚して、彼女の子育ては、完全に終わったのである。あふれる母性の使い道がなくなっちゃった……！　それが、嫁を迎えたころの、母たちの脳の状態だ。だから、それが、孫に炸裂しちゃうわけ。

その母性を、嫁もちゃっかり分けてもらえば？

というか、その母性を使うチャンスをあげるサービスと考えてみれば？

できる嫁は誇らしいけど、できない嫁には情が湧く。それが母脳なのだと、腹に落として。

というわけで、家中がひっちゃかめっちゃかのところに姑がやってきて、「手伝おうか」と言ってくれたら、「おかあ～さ～ん」と涙目で頼って、この際「無料の一日家政婦が来た」と思って、なんでもしてもらえばいい。あふれる母性の使い道に困っている子育て終了後の女性なんて、頼ってくる嫁がかわいくて仕方ない。ここはもう、飛び込んでしまえばいいと思う。

「ちゃっかり」は、女の人生を楽にする

私は、義理の両親と同居していたけど、息子の生後3か月で現場復帰したので、毎日、母に頼りきりだった。息子（彼女にとっては孫）を背負って台所に立つ母のもとへ、「おなかすいた～」と走って帰る、幸せな日々だった。洗濯もしてもらったし、子どもの世話を除けば、小学生の女の子みたいに、無邪気に安穏と暮らせた。母は恩着せがましいことを一切言わなかったし。

黒川の母は、私が息子を産んで、職場復帰したいので助けてほしいと頭を下げたとき、生まれたての息子を愛おしそうに見つめながら、「あー、私もやっと子育てができる」と

言ってくれた。

職人の家に嫁いだ母である。昭和の家内制手工業の家では、姑が子守をすることが多かった。目がよくて、根気が効く若い女性は、大事な働き手だったから。母も、自分の息子を、姑に委《ゆだ》ねたのである。

後年、母は、孫と過ごした時間が宝物だったと語った。休日に私が息子を取り上げてしまうので、「たまには土日も一緒に遊びたかった」と、亡くなる直前に言ってたっけ。

そうだった、平日は職人仕事と家事に追われながら孫息子の面倒を見ている母である、休日に彼と存分に遊べる時間をつくってあげるべきだった。母の手をさすりながら、「そう言ってくれればよかったのに」と私は泣いた。母は、優しく微笑んでくれた。

そこまで、何も言わない母だったから、私は無邪気に身を投げ出せたのだろう。

私は、姑に恵まれたと、心から思う。

でもね、私がちゃっかりしていたこともまた、大事だったような気がする。

私が、東京に実家がある一人っ子に嫁ぎ、同居すると言ったら、友人たちは「信じられない」と口々に言った。「地方出身の長男でない夫」が理想、夫の実家なんて年に数日で十分だと。

子どもが生まれても仕事を続けるつもりで、夫の両親の手助けを当てにしていた私は、自分がめちゃくちゃラッキーだと思っていたので、友人たちの反応にびっくりした。

いやいや、「使えるものは、姑でも使え」でしょ。姑に気を遣うなんて、ごめん？　いやいや、手を使わないで済むなら、気を遣ったほうが楽じゃない？——そんなふうに、友人たちに言ったのを、今でも覚えている。

私はバブル期のＩＴエンジニアで、死ぬほど忙しかった（まさに身の危険を感じるくらいに）。妊娠してつわりの真っ最中にも月１００時間を超える残業をこなしたし、臨月に入ってもまだ、深夜残業をしていた。そんな〝戦場〟に、子どもの生後3か月で復帰する予定だったし、まさに背に腹は代えられない。わらをもつかむ思いで、姑の懐《ふところ》に飛び込んだのである。

その姑が菩薩《ぼさつ》のような人だったので、本当にラッキーだったと思うけど、そもそも私が「ちゃっかり」飛び込まなかったら、この幸運もつかめなかった。母に、孫息子との親密な時間もあげられなかったし、母との関係もこんなに深いものにならなかった。

今思えば、自分の両親は地方にいてあてにならず、職場は待ったなしの戦場で、がけっぷちに追い詰められていたことが、かえってよかった。姑を心から「母」と呼べる関係になった。

姑が苦手だとおっしゃる方には、この「ちゃっかり力」が足りないのでは？

シンデレラの本当のすごさ

ちゃっかりは、女の人生を拓《ひら》く、大事なセンスである。

シンデレラは、美しくて優しい娘だから、王子様を射止めた？　いやいや、彼女の本当のすごさは、ちゃっかり力である。

毎日、灰にまみれて、下働きをしながら、屈辱的な思いを強《し》いられていた女性である。魔法使いのおばあさんが現れて、美しいドレスを着せてくれたからといって、並みの神経なら、堂々とお城に入っていけやしないのでは？　王子様にダンスに誘われて、艶然《えんぜん》と微笑みながらワルツを踊れる？

彼女のすごさは、そこにある。

ちゃっかりできるということは、相手の悪意を探らない、ということだ。逆に言えば、相手の悪意を探るから、のびやかに生きられないのである。

たとえば、バーゲンで買ったスカートに夫が気づいて、「それ、いつ買ったの？」と聞かれたようなとき、イラっとして「安かったからよ！」なんて応えてないだろうか。不快なのは、「そんなもの、俺に黙って、いつ買ったわけ？」と聞こえるからだ。

「それ、どうしてそこに置いてあるの？」と言われて、「文句ある⁉」と応えちゃうのも、「そんな邪魔なもの、どうしてそんなところに置いたんだ？」と聞こえているから。

相手のことばが、いちゃもんに聞こえる人は、ちゃっかりすることができない。けど、本当は、ちゃっかりしたもの勝ち。「いいでしょう？　バーゲンで、めちゃお得に買えたの。似合うよね！」と満面の笑みを浮かべれば、夫も祝福せざるを得ない。

ちゃっかり力。人の悪意を探らない、美しい資質である。

姑の悪意を疑うから、リラックスできない。こんな弱みを見せて、あとから皮肉を言われるのでは？　と疑うから、姑に弱みを見せられない。そうでしょう？

一度だけでいい。姑の悪意を探らないで、弱みをさらけ出して、全身で頼ってみよう。

もしも万が一、ひどい目に遭ったら、それは数少ない「本物の悪意を持った姑」である。サイコパスかソシオパスかも。こういう悪意は、一生その人の脳に潜んでいる。一目散に逃げるべき。それこそ、会う機会を最小限にして、弱みは見せないことだ。逆に言えば、一度全身で頼ることで、姑の脳の悪意が炙《あぶ》り出せる。そういう意味でも、ぜひ一度。

でもね、そんな姑は、実際には、本当に少ない。弱みを見せて、いっそう仲良くなれるのに、それをしないなんて惜《お》しすぎる。

弱みを見せる勇気

弱みを見せるという、人生の奥義は、男性でも使うべきだ。

このことを語るとき、私は、男性に、「ウルトラマンの〝妻〟になったところを想像してみて」と言う。

ウルトラマンである。何万光年のかなたの、知らない星の子どもの命を救いに、命がけで出かけちゃうんだ、この夫は。妻としてはわけがわからないが、それでも、それが男の使命だと言うのなら、行ってらっしゃい、である。地球に3か月の単身赴任。そんなことで、妻は絶望したりしない。

妻がウルトラマンに絶望するのは、ウルトラマンが弱みを見せないから。たまに帰ってきて、黙ってご飯を食べて、また出かける。それでは、自分がここにいる理由がない。彼の人生から締め出されたような気持ちになってしまうだろう。

いくら英雄のウルトラマンでも、愛する人にだけは弱音を吐かなくちゃ。「今日、ゼットンにここ蹴られて、痛かったの」くらい言って甘えればいいのだ。「大丈夫？　ウルちゃん、ふぅふうしてあげるね」「ありがとう。きみのおかげで、僕はまた戦えるよ」

そんなふうに心を通わすことができれば、妻にとって、夫はかけがえのないものになっていく。

人間の脳には、インタラクティブ特性（インタラクティブ＝相互作用）というのがある。自分がしたことに外界が反応したり、変化したりすることに快感を覚えるというセンスだ。つまり、「自分のしたことに反応してくれる相手」に、興味も情もわくってこと。幼体期が長く、一人では生きられない社会的動物ゆえに、この機能を持っているのだと思う。

完全無欠のイケメンヒーローに惚れたとしても、彼が何の助けも要らず、しかもクールだったら、残念ながら情が湧かない。完全無欠のイケメンヒーローこそ、気をつけてほしい。大切な人のために、弱音をプレゼントしてあげるか、してくれたことに、素朴な嬉しそうな笑顔をあげるか。

親離れで、母親が失うもの

母親にとって、子どもは、インタラクティブ特性を解き放つ、究極の存在である。

自分がいなければ、生きていけなかったのだから。毎日毎日、手をかけ、心をかけて、日々成長していく姿を見守ってきた。そのことが与えてくれた脳の快感は計り知れない。

私は、「子育ての記憶」を、「ノーベル賞」とも「金メダル」とも「世界一の富」とも交換しない。たとえ、神様が現れて、今の息子を得なかった「成功者の人生」をくれると言っても、一瞬も迷わずNOである。

だから、である。最初のほうにも書いたけれども、「子どもは、生まれてきて、母に手をかけさせただけで、一生分の親孝行をしている」のだ。

子どもが成長して、親離れするということは、母親にとって、このインタラクティブ特性を満たす、かけがえのない対象を失うということだ。だから、つらく、寂しく、苦しいのである。

「立派な大人になって、何の心配もかけず、独り立ちする」ことが、親孝行じゃなかった。「立派な大人になって、独り立ちしたのに、ちょこっと甘えてくれる」ことが、親孝行なのである。

具体的な弱音を吐かなくてもいい。「母さんの○○が食べたい」と言って、作ってもらえばいい。ちょっとした用事を頼んでもいい。

大人になっても、母を頼る。それは、サービスである（微笑）。

息子は、母（彼の祖母）の煮物（切り干し大根、がんもどきと高野豆腐、タケノコなど）をこよなく愛していて、母以外のそれを美味しいと言わなかった。そんな孫息子のために、母はせっせと煮物を運び続けてくれた。倒れる前の日まで。

茶碗蒸しといなり寿司も、生涯、母には太刀打《たちう》ちできなかった。おいなりさんに至っては、デパートのそれよりずっと美味しかったので、よく「お母さんのおいなりさんが食べたい」とねだりに行ったものだ。息子は、お正月に出てくる「おばあちゃんの茶碗蒸し」を待ちきれなくて、「まだ？」とせっついていたっけ。

私が、母のレベルの料理が作れなくて、母には苦労をかけたなと思っていたけど、自分が母の年齢に近づいてみると、あれが母の生きがいだったとわかる。逆に私が完璧な主婦じゃなくて、母のお株を奪わなくて済んでよかった、とまで。

「お母さんの○○じゃなきゃ」「おばあちゃんの○○が最高」と言われて、母は倒れるその日まで、台所に立っていたのである。母親として生きて、これ以上の充足があるだろうか。

乗り物に弱く、胃弱だった母は、旅行に誘っても乗り気にならず、外食も喜ばず、洋服にもバッグにも興味がなく、何の親孝行もできないまま、日々が過ぎた。母にあげられた唯一の充足が、私ができない嫁だったからだなんて、まぁ、なんとも情けない話だが、人生そんなものなのだろう。完全無欠の優等生じゃないほうが、人生の神髄に触れることができる。

笑顔は最終兵器

母親が老域に入って、ちょこっとも頼れなくなったら、どうすればいいのか。

これはもう、笑顔しかない。

子どもの笑顔は、母親をメロメロにさせる。笑顔は最終兵器である。だけど、早いうちから頻繁に使ってほしい。若い母親だって、子どもの笑顔には逆らえない。

今朝、テレビで、大谷翔平選手の笑顔が大写しになった。

私は、前々から、大谷選手の「人間として」の大ファンなのだが（野球がよくわからないので）、あらためてハートをわしづかみにされてしまった。

彼の笑顔は、心から嬉しいときの、幼子の笑顔に似ている。その昔、保育園に迎えに行ったとき、私を見つけた瞬間の息子の笑顔にそっくりなのだ。

史上最強の大きな大きなアスリートが、「保育園に迎えに行ったときの息子の笑顔」＝最高に嬉しそうな笑顔をしてみせるなんて、これはもう卑怯《ひきょう》と言ってもいいくらいなのでは。もちろん、大谷選手は本当に嬉しくてたまらなくてあの表情なのだろうし、その

「心から」が伝わるからこそ周囲を魅了する。ぶっちぎりで、素敵すぎる。私なんて、大谷選手の笑顔に、一瞬フリーズしてしまい、家族の会話もまったく聞こえなくなってしまったくらいだもの。

インタビューに応えて、アメリカのファンが「大谷は野球を救った。アメリカでは、野球人気が低迷していたのに、今やビートルズの全盛期のように、みんなが大谷に熱狂している」と語っていた。そんな大谷選手の活躍を、日本人は、自分の家族のことのように誇りに思っている。

圧倒的な強さがもちろん大前提なのだけど、この熱狂は、あの笑顔に起因しているところも少なくないと思う。

あの笑顔を、母親にあげてほしい。あなたは、母のヒーローなのだから。立派な息子や娘が、「幼子が、母を見つけた瞬間に浮かべる、嬉しくてたまらない」笑顔を、もう一度見せてくれたら、母親なんてイチコロである。

我が家の息子も、幼子のような笑顔になる。

私に、じゃなくて、主におよめちゃんに、なんだけど、それでもはたで見ていて幸せになる。私にも、ごくたま〜にくれるしね。

実家に帰って、母親に会った瞬間、ぜひ、その笑顔を見せよう。

母の老いを感じて胸を痛めたり、ここから何日間かの「うんざり」を想像してドン引きになったり、実家に帰ってきたときの子どもの表情は、たいていあいまいな憂いに満ちているのではないだろうか。

たとえ、病室にいる老母を見舞ったときでも、目が合った瞬間、「保育園に迎えに来た、若くて美しい母」にあげた笑顔をあげてほしい。あの笑顔は魔法だ。

子の笑顔は母の脳を変える

実は、笑顔には、思いがけない脳への影響がある。

私たちの脳には、ミラーニューロンと呼ばれる脳細胞がある。ミラーニューロン（鏡の脳細胞）と呼ばれる所以《ゆえん》は、「目の前の人の表情や所作を、鏡に映すように、自分の神経系に、まるっと移しとってしまう」能力を担保しているからだ。

つまり、目の前の人の表情を、人は、無意識のうちに、自分に移しとっている。満面の笑顔を向けられれば、つい笑顔になってしまうのである。

さて、表情には、もう一つ秘密がある。

表情は出力だが、入力にもなるのである。嬉しいから、嬉しげな表情をするのだけど、嬉しい表情を移しとってしまうと、嬉しいときに脳に起こる神経信号が誘発される。

つまり、嬉し気な笑顔をもらった人は、嬉しくなるってことだ。

だから、嬉し気な表情の人は強い。周囲を好奇心とやる気で満たしてしまうのだから。さらに、周囲の笑顔が、また自分に跳ね返ってきて、永遠に嬉しい気持ちでいられる。大谷翔平選手を見てみればいい。

逆に言えば、憂鬱《ゆううつ》な顔をもらった人は憂鬱になるし、イライラ顔をもらった人はイライラする。

自分の表情は、周囲を変えてしまうのである。

あなたは、母親をどんな顔で見ているだろうか。家に帰って顔を合わせたとき、あなたがしている表情が、母親の気持ちを決める。あなたがうんざりした顔をしたら、母親もうんざりしてしまうのである。

母と子には、顔と顔を合わせて表情を揃え、密着していた数年間がある。母の表情は、子どもの脳に他の誰よりも大きな影響力があるし、子の表情もまた、母の脳に大きな影響力を持っている。

本来なら、母親が率先して笑顔になるべきだ。私が母親向けに書いた本には、「子どもが家に帰ってきたとき、なにがあっても、嬉し気な表情で迎えてほしい」と、幾度となく書いてきている。

そうはいっても、私の本を読んだ母親はまだ数少ないし、笑顔を心がけている母親でも、老いや病気で、そうもいかない日もあるだろう。

子どものほうにも、ぜひ、「嬉し気な笑顔」で母親に会う癖を。同居している母親でも、「ただいま」の瞬間に、ぜひ、嬉し気な笑顔をあげて。「母さんに会えてよかった」、そんな声が聞こえてくるような。

もちろん、同じ笑顔を、妻や夫、子どもたちにもあげるべき。もちろん、父親にも。

情報交換ではなく、情を交わす

年を重ねてくると、同じ話を繰り返すようになる。

現役世代の娘や息子にとって、「同じ話の繰り返し」ほど、つらいことはないだろう。なぜなら、ビジネスや家事の現場で使うのは「ゴール指向問題解決型」と呼ばれる脳神経回路で、「ゴール」を重視している。結論のない話は苦しいし、結論を出したのにそれが帳消しになることは、もっと苦しい。

同じ話を聞かされると、「それはさっき聞いた」、同じ質問をされると「それはさっき言ったよ」と、つい目くじらを立てたくなるのは人情だろう。

私の母は90歳である。いい感じにすっとぼけてきて、短時間で同じ話を繰り返すようになった。

母は、孫息子が結婚したことを理解しているのだが、およめちゃんの名前をなかなか覚えられない。

母「ゆうちゃんは、お嫁さんをもらったよねぇ。名前は？」
私「あいちゃん」
母「ああ、可愛い名前だね、どこの人？」
私「熊本から来たの」
母「え！　熊本の人⁉　九州の人をもらったんだねぇ。私は福岡だから嬉しい。それにね、私は、しばらく熊本に住んでたの。踊りの名取試験の前に。師匠が熊本にいたから」
私「そうだったよねぇ」

この会話を何度繰り返したかわからない。気圧が不安定で、少しぼんやりしているときなんて、これを20分ごとに繰り返したりする。

名前が覚えられない理由は明白で、およめちゃんが熊本出身なのが嬉しすぎて、ぶっとんでしまうのである。とはいえ、必ず「どこの人？」と聞くので、この展開になってしまう（苦笑）。

隣で聞いている弟が、「イライラしない？」と言うのだが、私はまったくネガティブじゃない。なぜなら、この会話をするとき、母が幸せだからだ。

90歳の母と交わす会話に、ゴールなんてない。結論を出さなきゃいけないことなんて、何もないもの。母との会話の目的はただ一つ。母を癒《いや》すこと。

たとえ、愚痴だったとしても、私は何度も聴いてあげただろう。でも、この話は、何度も母を幸せにしてやれるのだから、本当にありがたい。およめちゃんが熊本出身で、感謝感謝である。

ちなみに、最近、およめちゃんが超カワイイ妊婦ちゃんになったのだが、母は、およめちゃんの妊娠だけは、たった一回で理解して、二度と忘れない。母たちの脳は、「妊娠」と言うキーワードで、一気に活性化するらしい。その輝き（脳にもたらす快感）を知っているからね。

老母が、同じ話や質問を繰り返して、イライラしたときは、思い出してほしい。この会話の目的は何かを。母と子の会話なんて、ある時期から、情報交換する会話ではなく、情を交わす会話であることを。

必要なのは、「情報」や「理解」じゃないので、繰り返したって、いっこうにかまわない。そう思えれば、母の話の繰り返しに、機嫌よく付き合ってあげられるはずだ。

母の老いにがっかりしないでほしい

人は、誰でも老いていく。

母親が老いることを、哀れに思ったり、寂しく思ったりしなくていい。

新しい命が生まれて、古い命が場所を譲っていく。ただそれだけのことだ。


若いころは、60過ぎても生きる意味があるの？　と思っていた。やりたいことができる身体とチャンスを失ってまで？　と。

でもね、60過ぎてみると、意外に幸せ。脳と身体が連動しているので、身体が衰えるにしたがって、野望も衰えてくるからね。

もしも、30歳の脳を抱えていたら、60歳の身体だとしんどいだろう。ぴちぴちのおよめちゃんの隣で、鏡や写真に映るたびにがっかりするしかないもの。誰かの成功に、いちいちイライラしたりして。

けど、そんな野望が自然に脳から消え失せているので、およめちゃんが美しいことにただただ感動して、知人の成功にも心からの祝福をして過ごせる。老域もいいものである。

旅行に行きたい、美味しいものを食べたい、いい服が着たい。そんな気持ちも、かなり穏やかになっている。

だから、日々忙しくしていて、親孝行もしないでいることに、後ろめたい思いもしなくて大丈夫。母のお望み通りの人生を生きてなくても大丈夫。何度も言うけど、母たちの脳は、子どもを持ったことだけで、9割がた満たされているのだから。

あなたを得ただけで、母の人生に、ゆるがない価値が生まれたのだ。

母が望むことは、究極のところ、ただ一つ。

いつまでも、私の息子であってほしい、私の娘であってほしい。

ちょっと頼ってくれて、たまに「嬉しくてたまらない笑顔」をくれれば、「私の息子（娘）」であることを忘れない。

こじれてしまうと母親ほど厄介な存在はないけれど、「ここさえ押さえておけばいい」

というコツさえ摑《つか》んでしまえば、本当に簡単。母たちの脳は、けっこうステレオタイプだからね。

生きていたら厄介だけど、逝ってしまったら、ただただ心残り。それが母親という生き物である。

生きているうちに、仲良くなってくださいね。

おわりに

私は、母親であり、母の娘でもある。今は、母になろうとしているおよめちゃんを見守っている。3つの視点から、母親という存在を見つめて、この本を書いてみた。どの母も（自分自身も、私の母も、未来の孫の母も）、目立って問題があるようには思えない。そこそこに幸せに、のほほんと暮らしている。

なので、最初は、『母のトリセツ』を書く資格がないのでは？　と思ったけど、ある日、「目立って問題はないからこそ、もやもやする母子関係がある」ことに気づいて、「ごく普通の母のためのトリセツ」を書くに至った。

そう導いてくださったのは、『息子のトリセツ』の担当編集者だった赤地則人氏である。よくしてくれる母に、感謝はしているのに、うまく愛を返せない。そのジレンマを解き放ってほしいという彼の願いから、この本は生まれた。赤地氏の「母への愛」に、心から感謝します。

毒のある母を持つ人には、もしかすると生ぬるいトリセツかもしれないが、ご容赦いただきたい。

ただ、それでも、いくつかの提案を試してみてほしい。こじれてしまって、毒を吐く母親も、最初は、些細なことでねじれたのかもしれない。些細なねじれを治すのに、この本は利くかもしれないから。

昨日、息子とおよめちゃんは、会社帰りにハゼ釣りに行って、11尾持って帰った。私はてんぷら粉を買って帰り、台所に立つ。ハゼをさばくのは夫と息子で、氷でしめたはずなのに、一匹が跳ねて、大きな図体の息子がちょっとビビる。料理をする私たちを、マラカスを鳴らして応援してくれるおよめちゃん。彼女は、我が家の「料理人応援係」なのだ。我が家のメインシェフの息子が任命したらしい。

我が家は、なんとも牧歌的だ。

息子夫婦と暮らしていると、赤毛のアンとトム・ソーヤーと暮らしているみたい。好奇心と愛だけを紡いで、暮らしを編んでいくような二人だから。

息子夫婦のもとに生まれてくる子は、うんと幸せな気がする。

それでも、その子は、なんらかの枷《かせ》を背負うのだろう。こんなにキュートで無邪気な母親をがっかりさせたくなくて、母親の笑顔が欲しくて、なんらかの無理をする日もあるのだろう。

どんな母親のもとに生まれたって、子どもは母で苦労する。

無責任な母や、毒を持つ母のもとに生まれた子はもとより、愛にあふれたよき母のもとに生まれても、子は苦しがる。

私たち母親には、どうしてやることもできない、人生の掟《おきて》なのだと思う。

なので、せめて、母から贈る「母のトリセツ」を、ここに一冊。

生きてしゃべる母親を持つ、すべての人に贈ります。

母親の呪縛《じゅばく》を上手に断って、呪縛なしの状態で、あらためて親友になってください。

呪縛さえなければ、こんなに気前のいい女友達はいないんだから。ほんとよ。

黒川伊保子

黒川伊保子（くろかわ いほこ）
脳科学・人工知能（ＡＩ）研究者。1959年、長野県生まれ。奈良女子大学理学部物理学科卒業後、コンピュータ・メーカーにてＡＩ開発に従事。2003年より（株）感性リサーチ代表取締役社長。語感の数値化に成功し、大塚製薬「SoyJoy」など、多くの商品名の感性分析を行う。また男女の脳の「とっさの使い方」の違いを発見し、その研究成果を元にベストセラー『妻のトリセツ』『夫のトリセツ』（共に講談社）、『娘のトリセツ』（小学館）、『息子のトリセツ』（扶桑社）を発表。他に『母脳』『英雄の書』（共にポプラ社）、『恋愛脳』『成熟脳』『家族脳』（いずれも新潮文庫）などの著書がある。

装幀：小栗山雄司

扶桑社新書 412

母のトリセツ

発行日 2021年11月1日　初版第1刷発行

著　　者………黒川伊保子
発 行 者………久保田 榮一
発 行 所………株式会社 扶桑社
〒105-8070
東京都港区芝浦1-1-1 浜松町ビルディング
電話 03-6368-8870（編集）
03-6368-8891（郵便室）
www.fusosha.co.jp

ＤＴＰ制作………株式会社 Sun Fuerza
印刷・製本………株式会社 広済堂ネクスト

Printed in Japan　ISBN 978-4-594-08883-5

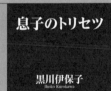

イラストですぐわかる！

息子のトリセツ

赤ちゃんの脳に
いい絵本とは？

黒川伊保子 著

石玉サコ イラスト

定価**1,320**円(本体1,200円＋税10％)

お片づけを
うるさく
言うのはNG!?